1921

Les années-mémoire

Larousse

notre temps

Rédacteur en chef
Albert Blanchard
Secrétariat de rédaction
Sylvie Marchand
Béatrice Siourd
Textes
Jean-Claude Damamme
Michel Haas
Pierre Vialatte
Iconographie
Nane Dujour
Nanon Gardin
François Debreczeny
Documentation
Perrine Marchand
Véronique Zundel
Fabrication
Marlène Delbeken
Maquette
Guy Loriot

Réalisation de la collection Les années-mémoire
Éditions Dursus

ISBN 2-03-519113-0

GROUPE CEP Communication

1921

Table des matières

L'Alsace après quarante-quatre ans de domination étrangère a retrouvé son destin français. A Riquewihr la pittoresque, au cœur des vignobles aux vins blancs réputés, on s'apprête à savourer le Riesling de 1919, le vin de la victoire.

L'an d'avant

Célébration du 1er mai : peu de transports en commun malgré les volontaires appelés à remplacer les conducteurs de la Compagnie générale des omnibus.

Sur le plan de la politique intérieure, la France a vraiment bien fait les choses, s'offrant le luxe – involontaire – de voir, dans la même année, deux présidents de la République devenir locataires de l'Élysée. Succédant à Raymond Poincaré, Paul Deschanel avait été élu le 17 janvier 1920. Quatre mois plus tard, à la suite de son malencontreux accident de chemin de fer, il démissionnait « pour raisons de santé ». Il n'avait régné que huit mois et neuf jours. Une manière de record. C'est son président du Conseil, Alexandre Millerand, qui avait pris la relève.

Passent les hommes, subsistent les problèmes. Problèmes sociaux, avec une grève très dure de la C.G.T., le 1er mai, et problèmes financiers : la France a besoin d'argent. Une maladie pas plus nouvelle que le remède n'est original : l'emprunt. Les colonies, elles aussi, ont été mises à contribution. À sa clôture, l'emprunt, baptisé « 5 % », aura rapporté 16 milliards de francs.

Deux événements ont rappelé aux Français que, malgré les difficultés du moment, ce sont bien eux les vainqueurs : l'arrivée, le 21 octobre, dans le port de Brest, de quatre croiseurs de bataille allemands livrés au titre des dommages de guerre, et le 50e anniversaire de la République, associé aux cérémonies du 11 novembre. Le cœur de Gambetta est allé au Panthéon, tandis que le corps d'un soldat français inconnu, parce que non identifié, reposera bientôt sous l'Arc de Triomphe, là où bat le cœur de la cité que son sacrifice a permis de préserver.

L'année politique de la France s'est achevée, en décembre, par deux événements d'ordre politico-syndical : le pittoresque procès ouvert le 17 décembre, à la suite d'une plainte déposée par le gouvernement, contre le secrétaire général de la C.G.T. Léon Jouhaux, pour infraction à la loi sur les syndicats.

L'affaire, curieusement, n'aura pas de suite. Il en ira autrement de la cassure de la grande famille socialiste, consommée dans la nuit du 29 au 30, au Congrès de Tours.

Dans l'Allemagne, humiliée et au bord du gouffre financier, des manifestations violentes se sont produites un peu partout : le 13 janvier, 31 morts et 400 blessés gisent devant le Reichstag, à Berlin, et, en Russie, le chef des armées blanches, l'amiral Koltchak, livré aux bolcheviks, est fusillé le 7 février. Ce n'est plus seulement la violence qui a déchiré l'Irlande et la Pologne, c'est la guerre. En Pologne, où les Soviétiques ne veulent pas que le pays retrouve ses frontières historiques, des combats acharnés se sont déroulés dans les faubourgs de Varsovie pendant tout le mois d'août. Aidés matériellement par les Français, et stratégiquement par le général Weygand, les Polonais ont fait face avec leur courage légendaire. Mais, à la fin de l'année, rien n'était encore réglé, ni militairement, ni politiquement.
Quant à la verte Erin, elle s'est teinte de rouge, et pour longtemps. Vainqueur aux élections de 1918, le Parti nationaliste, le Sinn Féin, s'est doté d'un Parlement indépendant. Un drame irréparable a mis le feu aux poudres : en grève de la faim depuis le 11 août, le maire de Cork, Terence Mac Swinney s'est éteint le 25 octobre. Belfast, Londonderry, Limerick, se sont aussitôt embrasées. Désormais, les Irlandais ne peuvent plus reculer.

Pour aider ceux qui n'ont pas retrouvé de travail, un restaurant populaire s'ouvre aux Tuileries.

Instantané de M. Paul Deschanel avec sa femme et sa fille, à Versailles durant sa brève présidence.

Mort du général Laperrine le 5 mars au cours du raid Alger-Dakar.

Le paquebot France *revenu à la vie civile, l'un des fleurons de la Compagnie générale transatlantique.*

En entrant au gouvernement, Hélène Landry fait remporter une grande victoire aux féministes.

La cloche de la Paix va être hissée au sommet de la cathédrale de Rouen.

Pourtant, on noue, un peu partout, un dialogue difficile. Le 10 janvier, au Quai d'Orsay, le Traité de Versailles est entré en vigueur. C'est ce même Quai d'Orsay qui a vu, six jours plus tard, se tenir la première réunion d'un organisme dont on attend beaucoup : la Société des Nations. Cette grande première a été suivie d'une sorte de ballet intitulé « Conférences », ballet dans lequel les danseurs-étoiles sont des messieurs ventripotents et barbus. Ils se sont produits, avec des succès mitigés, à San Remo, en avril ; à Boulogne, en juin ; et à Spa, en juillet. Tant de troubles, symboles de faiblesse, ne peuvent que réjouir les bolcheviks. Réunis en Congrès à Petrograd, le 19 juillet, ils ont accueilli à bras ouverts des frères venus d'Allemagne, d'Autriche, des Pays-Bas... et même de ces États-Unis qui ont élu, le 2 novembre, leur 29e président : Warren Harding, du Parti républicain.

Réception à l'Académie française pour le maréchal Foch. On voit ici le général Pétain (à gauche) et le général Lyautey (au centre).

Fidèle baromètre de la vie, l'actualité quotidienne a connu son habituel cortège d'événements heureux ou malheureux. En sport, l'année 1920 a marqué la grande reprise du Tournoi des Cinq Nations. Les Français, battus successivement par l'Écosse, le 1er janvier, l'Angleterre et le Pays de Galles ne sauveront l'honneur que le 3 avril en remportant le dernier match, contre l'Irlande, par 17 à 7. Nos compatriotes se sont, heureusement, rachetés aux Jeux Olympiques ouverts le 14 août à Anvers : ils ont remporté 30 médailles dans leur giberne. Et puis, Georges Carpentier est devenu champion du monde de boxe en battant par K.O., à la quatrième reprise, l'Américain « Battling » Levinsky. C'est la première fois qu'un Français remporte ce titre. L'honneur est sauf.

A Colombes, 25 000 spectateurs se lèvent pour acclamer l'entrée de l'équipe de France de rugby.

Quant aux aviateurs, après un record de durée de vol – plus de 24 heures sans toucher le sol – battu par Bossoutrot et Bernard, d'autres pilotes se sont attaqués à la vitesse pure. Le chevaleresque tournoi qui a mis aux prises trois grands noms : Sadi Lecointe – il a ouvert le score le 7 février en atteignant 275,800 km/h – Jean Casale et Bernard de Romanet, s'est poursuivi tout au long de l'année. Le dernier mot est resté à Lecointe ; 313,043 km/h le 12 décembre.
Au chapitre des faits divers, les colonnes des quotidiens se sont remplies d'un naufrage, celui du paquebot *Afrique* au large de l'île de Ré le 12 janvier – 560 victimes – d'une catastrophe minière à Anzin, le 21 du même mois – 14 morts – et de plusieurs accidents de chemin de fer : à Houilles et à Chartres, les 9 et 31 octobre, et à Armentières le 13 décembre.
Le temps, comme à l'accoutumée, a dévoré des vies, et l'actualité, toujours injuste, n'a retenu que les plus célèbres : Modigliani meurt en janvier dans une misère noire ; la chanteuse Gaby Deslys en février ; l'impératrice Eugénie en mai ; Réjane en juin ; W.K. Vanderbilt, fils du roi des chemins de fer américains, en juillet ; le roi Alexandre de Grèce en octobre...

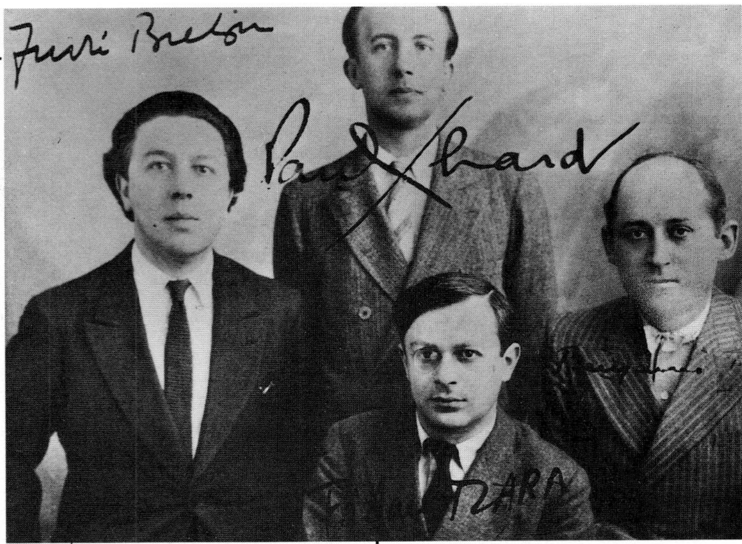

Heureusement, il reste au public, pour oublier la grisaille et les tragédies quotidiennes, les falbalas du monde artistique.
Le mouvement Dada a donné des suées aux critiques d'art qui sont restées perplexes devant les élucubrations de Picabia et Tzara.
Au Théâtre de la Renaissance, on s'est bousculé pour assister à la première de *Mon homme ;* dans les librairies, en juillet, on s'est arraché le dernier ouvrage de Colette, *Chéri,* publié par les Éditions Fayard, juste avant d'aller revivre, au cinéma, les aventures du capitaine Morhange et du lieutenant de Saint-Avit dans *L'Atlantide* mis en scène par Jacques Feyder.
Et, depuis le 18 décembre, grâce à ses 1 000 kw de puissance, l'émetteur de la station de T.S.F. La Fayette, à La Croix-d'Hins, près de Bordeaux, porte toutes ces nouvelles dans les chaumières où commencent à apparaître les postes de télégraphie sans fil.

Réunis autour de Tristan Tzara (en haut), les familiers du groupe des surréalistes : Breton, Éluard et Soupault.
Le nouveau groupe socialiste à l'issue des débats du XVIIIe Congrès de Tours (ci-dessus) avec, au premier plan, Léon Blum.
A Villacoublay, record de vitesse de Sadi Lecointe à bord de ce Nieuport.

La circulation aux abords de la gare Saint-Lazare place du Havre, à midi, un 23 juillet 1921...

En cet an là, la France

Ils sont peu nombreux, en cette année 21, à recevoir, transmis depuis la Tour Eiffel, un concert de musique à la gloire d'Ampère. Rares sont en effet les foyers équipés d'un poste de « télégraphie sans fil » qui aurait pu leur apprendre la mort de Feydau, celle de Caruso ou de Saint-Saëns, la reprise des relations avec le Vatican et l'envol de Coco Chanel dans la Haute Couture. Mais si la radio n'est pas encore sortie de l'enfance, la photographie, Dieu merci ! enregistre et conserve la « mémoire » d'un pays attelé à son renouveau. France des villes et des campagnes, des loisirs et de la peine, des riches et des pauvres, des fêtes et des deuils, tout à la fois enracinée dans ses traditions et ouverte aux sollicitations du progrès.

Heureux Sud-Ouest
Aquitaine, Gascogne, Béarn... tout un monde à part. Nous voici à Retjons, au cœur du pays de Marsan, dans les confins des Landes et du Gers. Incorporé au puissant comté d'Armagnac, le Marsan avait été « confisqué » par Louis XI. Au XVIIe siècle, il donna son nom à la branche cadette de la maison de Lorraine. Au XXe, on continue à y gaver les oies et à puiser l'eau comme au temps... de Louis XI. L'arrondissement de Mont-de-Marsan, chef-lieu du département, comprend 117 communes et une centaine de milliers d'habitants. De ce pays de cocagne, Henri Philippon dira : « Les volailles, en Gascogne sont d'une rare finesse. Les truites de gaves sont exquises. Les vins sont mieux que convenables et l'armagnac termine si bien un bon repas ».

Oremus
Quatre heures moins dix à l'horloge de l'abbaye de La Chaise-Dieu, la plus puissante d'Auvergne, construite par Hugues Morel sur les hauts-plateaux ventés du Velay. Les vitraux sont de Matteo Giovannetti, le cloître date du XVIIe siècle, la tour Clémentine est un vestige des fortifications qui protégeaient ce chef-lieu de la Haute-Loire. En cette année de retrouvailles officielles avec le Vatican, la solennité de la liturgie catholique le partage avec la simplicité d'une procession de village, comme en témoigne, ci-dessous, cette photographie de Charles Lhermitte.

La tournée postale
Une fois écrite, une lettre fait l'objet d'une vingtaine de manipulations avant d'arriver à destination : dépôt, relevé des boîtes, timbrage au bureau d'origine, tri par les ambulants, routage, transport à la gare, timbrage au bureau d'arrivée, nouveau tri et pour finir le moment tant attendu de celui qui l'attend. « La poste est le lien de toutes les affaires » et la devise vaut jusqu'au fin fond des campagnes.

La famille Amet
En séance publique à l'Académie française, René Doumic, secrétaire perpétuel, évoque la question cruciale de la population nationale, « Les statistiques sont effrayantes » dit-il. En effet, de 39 601 509 habitants recensés avant guerre, la France tombe à 36 684 266 en 1921. La guerre, bien sûr, en est l'une des causes, mais la tendance à la dénatalité s'était déjà manifestée avant. Instituée par le fondateur de la Samaritaine, le prix Cognacq-Jay récompense cette année 90 familles nombreuses (voir page 98) dont celle de M. et Mme Amet, cultivateurs à Cornimont, dans les Vosges. De leurs 23 enfants, 18 sont encore vivants en 1921. Edmond, (premier à gauche au 3e rang, est mort au Hartmannswillerkopf en 1915; Henri (à droite au 2e rang) à Verdun en 1916. Marie-Amélie, l'aînée de tous, est née en 1885; Marie-Suzanne, la dernière, en 1912. Sur ce document, daté de 1914, il ne manque qu'un fils, disparu en bas âge.

Au soleil d'Ajaccio
La Corse a célébré avec ferveur le centenaire de l'Empereur, illustre enfant d'Ajaccio où il naquit en 1769. C'est dans la vieille ville que se situe la maison Bonaparte, proche de la citadelle qui domine le magnifique golfe, défendu par les îles Sanguinaires.

L'Égypte à Paris
Rues du Caire, d'Alexandrie, d'Aboukir... Avec la rue du Nil (longueur de 75 m... pour un fleuve de 6 700 km), on est sûr de se retrouver place du Caire, aménagée sur l'emplacement de la « cour des miracles ». Au numéro 2, maison bourgeoise avec concierge, des têtes de sphinx et les hiéroglyphes attestent de l'exotisme de ce coin du 2e arrondissement de Paris.
Percée en 1799 entre la place du Caire et le boulevard Sébastopol, la rue des Rentiers devint rue du Caire un peu plus tard, en souvenir de l'entrée des troupes françaises dans la capitale égyptienne, le 23 juillet 1798. Au XIXe siècle, cette rue de 330 m de long était le domaine des marchands de chapeaux de paille. Activité toujours prospère car le canotier reste un accessoire indispensable à l'élégance masculine. Et ceux qui n'ont pas les moyens de se servir chez Stagg ou chez Motsch et Fils, peuvent toujours aller faire un tour aux puces, à Montreuil ou à Saint-Ouen.

Façade de l'épicerie « Au soleil d'or », maison Lhuillier, dans le 1er arrondissement de la capitale, où, comme chacun sait, « Il n'est bon bec que de Paris ».

La rue Sainte-Foy
La paille, on la retrouve, pour un tout autre usage, un peu plus loin. De la place du Caire, et par le passage du même nom, dont le dallage vient en partie des pierres tombales du couvent des Filles-Dieu, on arrive – tout se tient –, à la rue Sainte-Foy qui occupe 172 m de l'ancien chemin de ronde de l'enceinte de Charles V. Là, vous êtes sûr de trouver le panier ou le balai qui convient.

Baisse générale
Le 9 avril, le sous-secrétaire d'État du Ravitaillement a imposé à la Chambre syndicale de la boucherie, une baisse des prix de détail qui peut aller jusqu'à 30 pour cent. Comme promis, M. Lecomte, son responsable, a soumis au ministère un nouveau barème des prix de la viande.
Jugez-en : le gigot raccourci passe de 16,30 à 12,30 F ; l'aiguillette de boeuf tombe de 17,30 à 12 F ; le jarret de veau sans crosse de 11,80 à 9 F. Les bouchers jouent le jeu en affichant les nouveaux tarifs, à l'occasion un sourire et, pourquoi pas ? un col cassé pour servir une clientèle ravie d'une baisse qui se faisait attendre. La lutte contre la vie chère se poursuit.

Le nerf de la paix
A Valenciennes, comme dans de nombreux centres miniers de la région du Nord, les charbonnages mobilisent toutes les énergies. Principale matière première pour l'industrie, l'éclairage, le chauffage, les chemins de fer, la houille « noire » du bassin du Nord (Lens, Denain, Anzin) fournit la moitié de la production nationale : 50 millions de tonnes, et emploie 750 000 personnes dont 50 000 femmes et 15 000 Polonais.

10. — 1919 à 1925. La France paie des pensions aux mutilés, aux veuves, aux orphelins (4 milliards par an, soit 80 milliards de capital).

Les secours populaires
Dans les grandes villes s'organisent des secours aux familles les plus démunies et aux chômeurs. A Paris, chaque quartier a sa « soupe populaire », organisme charitable qui deux fois par jour, en principe, distribue un bol de bouillon et un quignon de pain aux indigents.

Le prix du sang
Campagne d'affiches pour sensibiliser la population sur le prix qu'il faut payer la guerre et ses conséquences : 230 milliards entre 1919 et 1925, si l'on ajoute aux 80 milliards de pensions pour les veuves et les mutilés, les 150 milliards affectés à la reconstruction des provinces détruites.

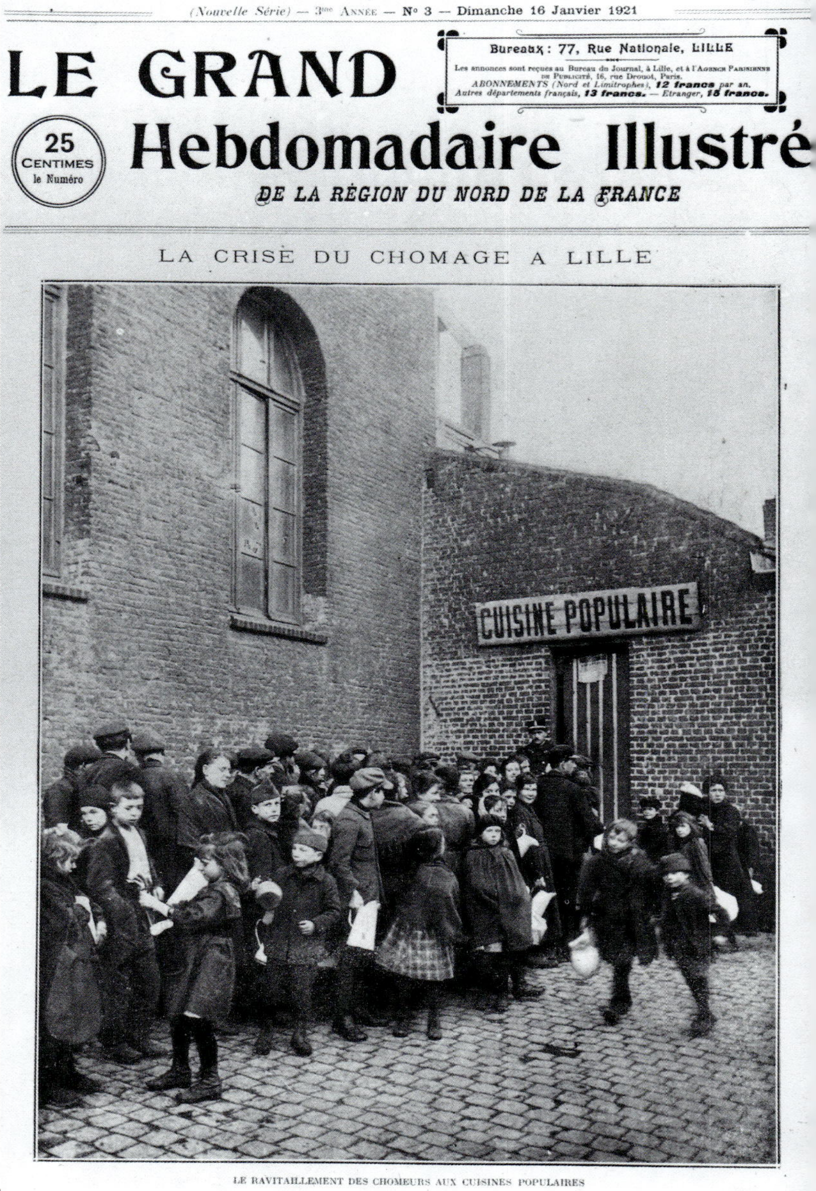

(Nouvelle Série) — 3me Année — N° 3 — Dimanche 16 Janvier 1921

LE GRAND Hebdomadaire Illustré DE LA RÉGION DU NORD DE LA FRANCE

25 Centimes le Numéro

Bureaux : 77, Rue Nationale, LILLE
Les annonces sont reçues au Bureau du Journal, à Lille, et à l'Agence Parisienne de Publicité, 16, rue Drouot, Paris.
ABONNEMENTS (Nord et Limitrophes), **12 francs** *par an.*
Autres départements français, **13 francs.** — *Etranger,* **15 francs.**

LA CRISE DU CHOMAGE A LILLE

CUISINE POPULAIRE

LE RAVITAILLEMENT DES CHOMEURS AUX CUISINES POPULAIRES

Ne bougeons plus !
Émouvante image, à l'heure du repas, dans la cantine de l'école maternelle Victor Hugo à Fourmies, commune ouvrière du Nord et fief de l'usine « La Sans-Pareille », célèbre par une grève sanglante qui amena Paul Lafargue, gendre de Karl Marx, à la députation.

La ferme Briffaut
En 1918, quand les combattants se retirèrent du champ de mort du Chemin des Dames, dans le secteur de Soissons, il ne restait plus que 350 habitants sur 50 000 qui vivaient autrefois sur ce territoire de 700 kilomètres carrés. « La terre était morte, les hommes étaient loin », écrit André Tardieu. 10 000 maisons avaient été rasées dans cette « zone rouge » où l'on a retrouvé et détruit 35 000 tonnes d'obus non éclatés, avant d'entreprendre le nivellement des 34 000 hectares de terres arables anéanties et bouleversées par l'artillerie.
C'est là que revit, depuis bientôt trois ans, une ferme de 8 hectares. Monsieur Briffaut y a installé sa famille d'abord « dans un blockhaus allemand où il fallait entrer en rampant ». Des prisonniers, puis des émigrés portugais l'ont aidé dans sa tâche, bel exemple de la renaissance d'une région dévastée par les durs combats de 1917.

L'envers du décor
Les villes des régions dévastées par la guerre, et plus particulièrement les cités ouvrières du Nord et de l'Est, subissent les contraintes de la vie chère et du chômage. Les jeux, la lessive, les devoirs n'ont souvent pour cadre et pour limites que les murs d'une cour cernée de maisons surpeuplées.

Manifestations
Visiteurs étrangers, conférences, tournées en province, commémorations... le calendrier est chargé pour ceux qui nous gouvernent. Ici, sur le perron du ministère des Affaires étrangères, Briand et ses collègues du Conseil Suprême interallié sortent d'une réunion consacrée au partage de la haute Silésie. De gauche à droite : MM. Curzon, Briand, Bonomi, della Torretta, Harvey et Ishii. Demain, on prendra les mêmes et on recommencera.

Là, le président Millerand s'en est allé faire une tournée d'inspection et d'étude en Normandie. Le torpilleur *Amiral Serrès* l'a déposé à Rouen, d'où il se rend à Quillebeuf-sur-Seine recevoir l'hommage de la population et un bouquet de blé porte-bonheur.

Déplacements
Pourquoi finissent-ils à pied ces dignes occupants d'un train visiblement présidentiel, si l'on en juge par les drapeaux qui flottent à l'avant de la locomotive numéro 4555 (une 231) de la Compagnie du P-O (Paris-Orléans) ? Grève ou manque de charbon ? Quoiqu'il en soit les chemins de fer « font partie » des voyages officiels et la poignée de main au mécanicien est un geste qu'il ne faut pas oublier.

Deux dates, une inscription anonyme sur la dalle qui se referme sur la sépulture du Soldat inconnu. **(Détail d'un dessin de G. Scott).**

Pour le général Archinard, c'est la fête et celle des Sénégalais dont le 19e régiment de tirailleurs fait une belle démonstration de « oulaf ».

Le bal de l'Opéra

Né en 1717, supprimé par la Révolution, très en vogue sous Louis-Philippe, interrompu à nouveau en 1914, le bal de l'Opéra renaît à l'initiative de la Maison des journalistes. Pour cette reprise, les élèves de Saint-Cyr ont mis sur pied une magistrale reconstitution historique où, de Jeanne d'Arc à Bugeaud, on voit défiler toutes les gloires nationales, toutes les armes et les héros de la Grande Guerre.
Prix des places 50 F pour les hommes, 30 F pour les dames et jusqu'à 25 000 F pour une loge. Mais le spectacle en vaut le prix, d'autant qu'il est organisé au profit des veuves et des orphelins de guerre, des mutilés et du Fonds de la Victoire. Et puis, n'a-t-on pas dansé jusqu'à l'aube ?

Plein air
Du soleil, des spectateurs, avertis par définition, un coin de place publique, le décor est en place pour entamer la partie de boules. Les connaisseurs feront la différence entre la pétanque et le jeu provençal, qu'on appelle la longue, alors que la boule lyonnaise, plus lourde, exige un terrain limité. Quoiqu'il en soit, aux boules, les paroles comptent autant que les gestes et ce n'est pas le moindre attrait de ce sport national.

Tout le charme mélancolique d'un dimanche après-midi familial au bois de Boulogne apparaît sur ce document tiré des archives des Monuments historiques et des Sites.

Paris sur mer
Week-end ou saison d'été à Deauville, le Tout Paris s'y retrouve, déambulant le matin sur les planches le long de la plage, l'après-midi au champ de courses ou le soir au Casino. Si le soleil est de la partie, c'est à la terrasse de la bien-nommée Potinière que l'on se confie dans le plus grand secret ce qu'il faut que tout le monde sache.

La Paix sur la terre...
Partie intégrante du Grand Hôtel érigé en 1860 boulevard des Capucines, sur un terrain qui servit jusqu'en 1780 de potager à l'Hôtel Dieu, le Café de la Paix et son restaurant sont devenus très vite le rendez-vous de toutes les gloires et de toutes les nations.
Lieu géométrique des arts, des lettres et des modes, ils accueillent – selon le *Guide des plaisirs de Paris* –, une clientèle de « viveurs riches, d'étrangers cossus, de gens qui apprécient l'art de la table ». Aux nostalgiques de l'Empire qui s'y retrouvaient après la Commune, ont succédé les belles de la Belle Epoque, Yvette Guilbert à Madame Récamier, Oscar Wilde à Maupassant. Puis la guerre a empli les lieux d'uniformes alliés. Redevenue civile, la terrasse, très recherchée entre cinq et sept, délègue à la vigilance de garçons avertis la délicate attribution des tables de première et de deuxième classes.

Au cœur du pays d'Oc
Deux scènes, signées Charles Lhermitte, de la France rurale, profonde et bien enracinée dans son emploi du temps : le marché, hebdomadaire le plus souvent, qui se tient sur la place ou dans la grand-rue du village, et la corvée d'eau qui, elle, se répète plusieurs fois par jour. Affaires de femmes en tous cas, car les hommes, eux, sont aux champs, à l'atelier ou à la ville. Faute d'identification, on reconnaît à certains détails, que ces photographies ont été prises en pays d'Oc. Mais des scènes analogues fleurissent aux quatre coins de l'hexagone. Les grandes surfaces et l'eau courante, ce n'est pas encore pour demain.

Une année d'Histoire de France

Démissionnaire, Georges Leygues passe les rênes du gouvernement à Aristide Briand. Paul Claudel est nommé ambassadeur de France au Japon. Georges Carpentier chute devant Jack Dempsey. A Washington, Marie Curie reçoit un gramme de radium des mains du tout nouveau président Harding. Du Prix Nobel de Littérature à Anatole France à la victoire du Belge Mottiat dans Paris-Brest et retour, en passant par la condamnation à mort de Landru, la France égrène laborieusement les 365 jours d'une année relativement paisible, marquée par le centenaire de la mort de Napoléon.

Janvier

Aristide Briand devient président du Conseil. Les Alliés se réunissent à Paris pour parler des « réparations ». La guerre reste présente dans les cœurs et dans les esprits comme en témoignent les cérémonies qui président à l'inhumation définitive du Soldat inconnu.

Gallieni à l'honneur
Le 17 janvier, Mangin inaugure à Saint-Raphaël le monument Gallieni. Le buste est de Maillard ; le socle, dû à l'architecte Camoin, rappelle la carrière du général : commandant supérieur des armées du Sénégal, administrateur du Tonkin, gouverneur de Madagascar, gouverneur militaire de Paris, ministre de la Guerre, d'octobre 1915 à mars 1916 – deux mois avant sa mort. Gallieni sera fait maréchal de France à titre posthume. Son nom demeure attaché aux « taxis de la Marne ».

La consultation
Natif d'Aigues-Vives, dans le Gard dont il est sénateur, après avoir été ministre et président du Conseil, Gaston Doumergue, que les Français ont baptisé familièrement « Gastounet », est appelé en consultation à l'Élysée le 13 janvier, par Alexandre Millerand qui cherche un candidat pour dénouer la crise.

Le ministère Briand
Avocat, orateur célèbre, co-fondateur avec Jean Jaurès du Parti socialiste français, député depuis 1902, ministre dès 1906, président du Conseil pour la première fois en 1909, Aristide Briand est rappelé au pouvoir par le président Millerand le 16 janvier, après la chute du gouvernement Leygues. Le gouvernement est constitué en moins de vingt-quatre heures. Louis Barthou, notamment, devient ministre de la Guerre ; il est l'homme de la « loi des trois ans » sur le service militaire (1913) qui avait contribué à préparer la revanche contre l'Allemagne. La tâche apparaît lourde pour le nouveau gouvernement, car c'est du 25 au 29 janvier que va se tenir la Conférence de Paris, entre les Alliés.

L'aviation enchaînée
Le Traité de Versailles donnait aux Alliés le droit de détruire l'aviation militaire allemande. En signe de protestation, les aviateurs allemands érigent ce monument sur l'aéroport de Fuhlsbüttel, près de Hambourg. Dès le 29 janvier, 14 000 avions et 28 000 moteurs ont déjà été démolis.

Cérémonie sous l'Arc
C'est le 28 janvier que l'on inhume définitivement le Soldat inconnu sous l'Arc de Triomphe. En présence des maréchaux Joffre, Foch et Pétain, le ministre de la Guerre Barthou prononce un discours ému, tandis que l'invalide Poulet décore le cercueil de la Légion d'honneur, de la Croix de guerre et de la Médaille militaire. Les veuves de guerre viendront ensuite déposer des gerbes sur le tombeau.

La tradition reprend
La traditionnelle cérémonie où ambassadeurs, ministres, plénipotentiaires, chargés d'affaires, généraux, professeurs et hauts fonctionnaires viennent à l'Élysée échanger leurs vœux pour le Nouvel An avec le président de la République, avait été interrompue dès 1915. Elle reprend au 1er janvier 1921. On voit ici l'ambassadeur du Japon, M. Kikujiro Ishii, quittant la réception.

Le Numéro : 20 Centimes ★ ★ Le Numéro : 20 Centimes

ABONNEMENTS

Chèque postal : 209-61

l'Humanité

JOURNAL COMMUNISTE

Fondateur : JEAN JAURÈS

Aujourd'hui : **l'Internationale**
Journal Communiste du soir à 15 centimes

M. Viviani en Amérique

La bataille sociale en Angleterre
1.200.000 MINEURS DEBOUT CONTRE LE CAPITALISME

LE SCANDALE DES BLÉS
Poursuivront...! Poursuivront pas !...

La nouvelle *Humanité*
Conséquence du Congrès de Tours (décembre 1920), *L'Humanité* devient le 4 janvier l'organe officiel de la Section française de l'Internationale Communiste.

« Misérable » gala
Le président Hoover et le général Pershing organisent un banquet en faveur des enfants déshérités d'Europe (1 000 dollars par tête). Recette : plus de deux millions de dollars.

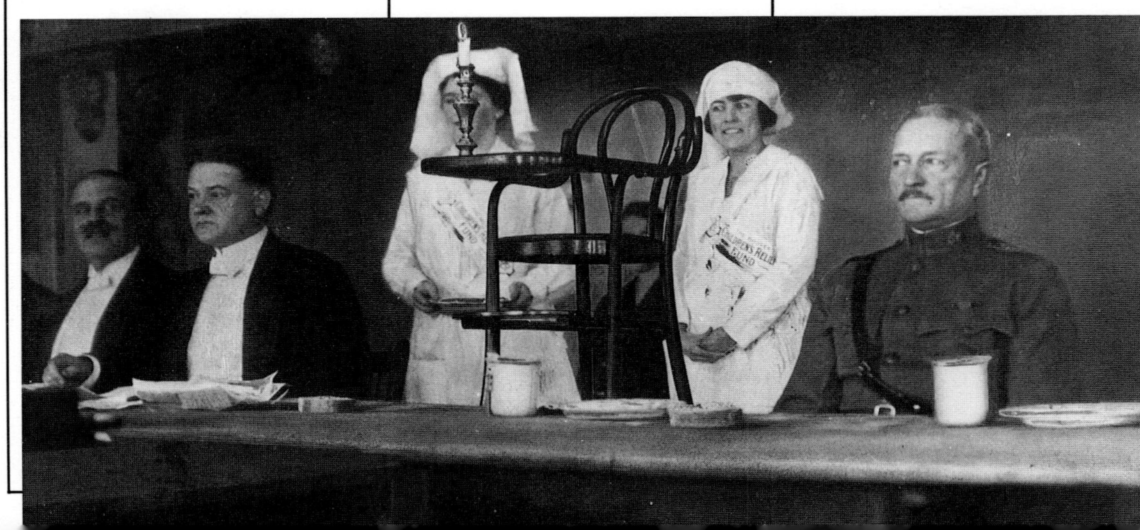

Et aussi le...
1 – A Font-Romeu, inauguration de la première saison de sports d'hiver.
6 – A New York, le général Nivelle représente la France au tricentenaire de l'arrivée du Mayflower.
9 – Élections sénatoriales : Deschanel est élu en Eure-et-Loir.
10 – Création de la Société des Transports en Commun de la Région Parisienne.
11 – Raoul Péret est élu président de la Chambre.
12 – Démission du gouvernement Georges Leygues.
– Paul Claudel est nommé ambassadeur de France au Japon.
22 – A Inverleith, pour le Tournoi des Cinq Nations, la France bat l'Écosse par 3 à 0 (essai de Billac).
26 – Isadora Duncan donne la première de son spectacle de danse au Théâtre des Champs-Élysées.
31 – A Rouen, le nouvel archevêque, Mgr du Bois de la Villerabel, remplace le cardinal Dubois devenu archevêque de Paris.

Février

Trois ans après l'armistice, le souvenir de la Grande Guerre marque encore fortement l'actualité, qu'il s'agisse des « Bornes du souvenir », du maréchall Pilsudski à Verdun, ou du legs de l'Alsacien Metzger qui, avant de mourir, avait prévu avec onze ans d'avance le conflit franco-allemand et notre victoire.

Les « Bornes du souvenir »
« Ici fut brisé l'élan des Barbares ». Des bornes qui portent cette inscription – et dont le projet est dû au statuaire Paul Moreau-Vauthier, lui-même blessé à Verdun – seront implantées le long de la ligne du front, de la mer du Nord aux Vosges, aux points d'arrêt de l'avance allemande.

Expulsions de communistes
Perquisitions, arrestations, inculpations et expulsions se sont succédées pendant tout ce mois à l'encontre des étrangers communistes. Dès le 2, quatre d'entre eux étaient écroués cependant que dix autres étaient expulsés du territoire français. Plus tard, devaient être arrêtés notamment le secrétaire général de *L'Humanité,* Amédée Dunois, le gérant du *Conscrit* et le secrétaire général des Jeunesses communistes, inculpés de provocation de militaires à la désobéissance et de menées anarchistes.

L'archevêque à l'Élysée
A l'Élysée, première grande réception officielle depuis 1914. A côté des robes du soir, on remarque la pourpre du cardinal Dubois, archevêque de Paris, et la cape violette de Mgr Roland-Gosselin.

Conférence à Londres
Réunis à Londres le 27 février, le maréchal Foch, Lloyd George, Aristide Briand, et Philippe Berthelot (de gauche à droite). Au menu de la réunion, les affaires d'Orient et le problème des réparations.

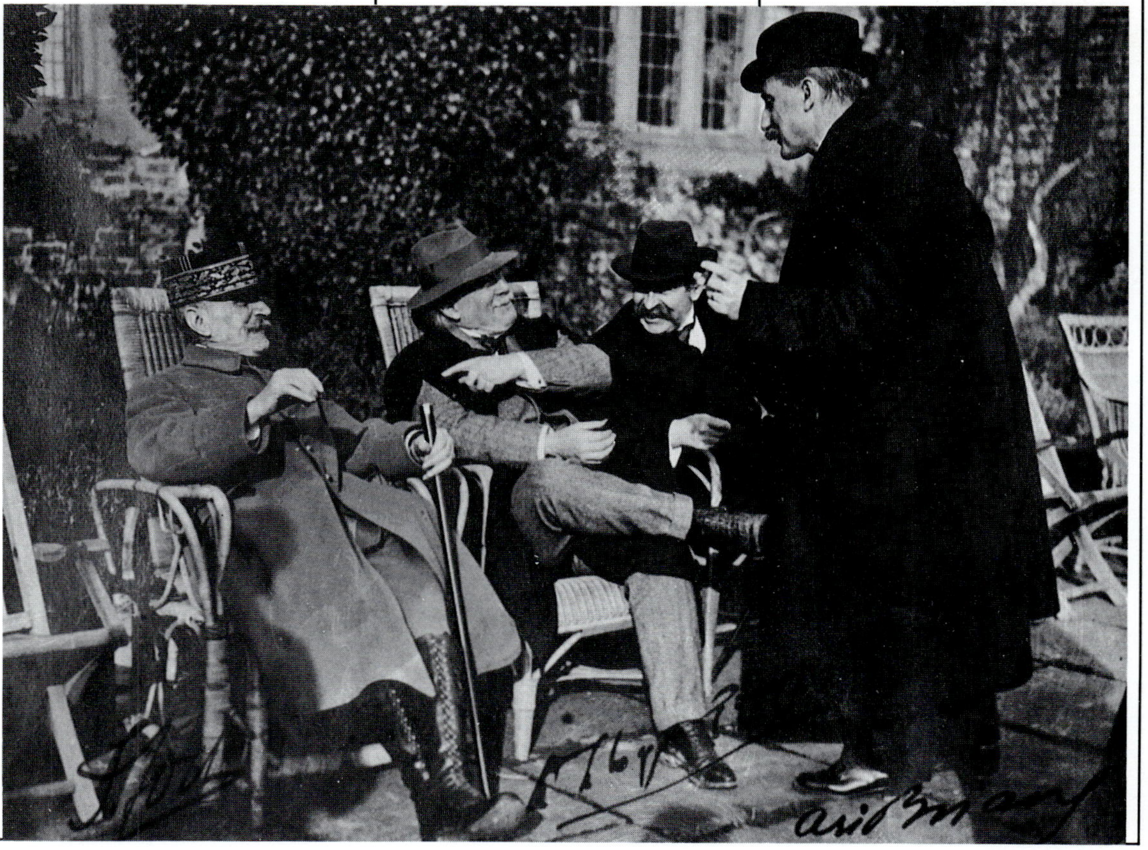

La visite de Pilsudski
Le président de la République polonaise – ici à Paris le 3 février à la légation de Pologne – a visité les champs de bataille de Verdun sous la conduite du maréchal Pétain qu'il a décoré de sa propre croix de la *« Virtuti militari »*.

Le legs d'un patriote
En 1903, M. Eugène Metzger, natif de Sélestat, mourait à Saint-Germain-en-Laye, laissant sa fortune à la ville, à charge pour elle, en cas de guerre, de la répartir entre les cinq soldats français les plus méritants. Le président Millerand vient de remettre leurs titres de rente aux cinq héros réunis autour de la tombe d'Eugène Metzger : MM. Lenoble, Best, Toul, Cunnac et Duval.

L'école des oratrices
Mme Marguerite Durand, ex-directrice du journal *La Fronde*, vient de fonder un Institut féminin de l'art oratoire, ouvert aux femmes désireuses de prendre la parole en public.

Les fouilles de Vaison
Les recherches archéologiques entreprises par l'abbé Sautel à Vaison, dans le Vaucluse, ont permis de mettre à jour le théâtre romain dont on peut voir (ci-contre) une partie des gradins, le mur des parascænia et le vomitoire.

Et aussi le...
3 – Collision entre deux trains aux Bardys, près de Limoges : 9 morts et 45 blessés.
6 – Inauguration du chemin de fer « Brazzaville-Océan » par le gouvernement de l'A.E.F., M. Augagneur.
15 – « Gala tricolore » : premier grand bal à l'Opéra depuis 1914.
19 – Alliance officielle de la France et de la Pologne.
– Lyautey, Franchet d'Esperey et Fayolle sont faits maréchaux.
20 – A Marseille : en football, l'Italie bat la France 2 buts à 1.
22 – Sorbonne : Alexandre Millerand préside la cérémonie du centenaire de l'Ecole des Chartes.
25 – Paris : ouverture du procès de Tserepis et Kyriakis, auteurs de l'attentat contre le Premier ministre grec Constantin Vénizelos.
26 – L'équipe de France de Rugby s'incline par 12 à 4 devant celle du Pays de Galles à Cardiff.
28 – Départ du dernier détachement français en poste à Jérusalem. Relève par les Britanniques.

Mars

Les Parisiens ne verront plus la silhouette familière de la Grande Roue qui, depuis vingt et un ans, faisait partie du paysage. Pour se consoler, ils élisent une Reine de la Mi-Carême, cependant que dans le Midi un ancien roi meurt et qu'une vraie princesse se marie en Roumanie. A la Sorbonne le maréchal Lyautey est à l'honneur, mais à Jérusalem les Français pleurent nos soldats qui montaient la garde du Saint-Sépulcre.

Le pacha à la Sorbonne
Le pacha de Marrakech El Glaoui, accompagné de M. Ben Ghabrit et d'un autre notable marocain, a été surpris par le photographe à l'entrée de la Faculté des lettres et des sciences : il venait assister, dans le grand amphithéâtre, à la cérémonie du 17 mars, au cours de laquelle la Ligue maritime et coloniale recevait le maréchal Lyautey.

Adieu à Jérusalem
Jour de deuil pour les cœurs français en Palestine. Notre dernier détachement militaire – ici, avant son départ, avec les professeurs de l'École Biblique – vient de quitter Jérusalem. Depuis la conquête de la Cité Sainte en décembre 1917, la garde du Saint-Sépulcre était assurée à la fois par la France, l'Angleterre et l'Italie : une sentinelle de chacune de ces trois nations y prenait, à tour de rôle, sa faction. Les garnisons italiennes et françaises ont fraternisé pieusement au cours d'une messe d'adieu. Puis c'est aux cris de « Vive la France » que nos Poilus, héritiers des paladins de Charlemagne et des compagnons de Saint Louis, ont pris le train pour rejoindre le glorieux 415e, à Damas.

Finie, la Grande Roue
Le démontage est commencé. La Grande Roue de Paris, élevée sur le Champ de Mars pour l'exposition de 1900, mesurait 100 mètres de diamètre. Elle portait 40 wagons.

Un nouveau billet
Le public accueille favorablement la nouvelle coupure d'un franc. En effet, la presse a révélé que les vieux billets, encrassés par l'usage, étaient devenus un danger pour la santé publique. Tel ce billet, analysé en laboratoire, qui recelait 237 millions de bactéries parmi lesquelles colibacilles, pneumocoques, entérocoques et staphylocoques. L'examen prolongé montrera aussi, sans doute, les bacilles de la tuberculose et de la typhoïde.

La Reine des Reines
Choisie parmi les 20 reines des arrondissements de Paris, Yvonne Béclu, du XIIIe arrondissement, a été couronnée Reine des Reines. Entourée de ses collègues couronnées, elle a traversé Paris en triomphe pour le défilé de la Mi-Carême, à bord d'un char symbolisant la nef de la capitale.

Dürer au Louvre
Un admirable portrait d'Albert Dürer par lui-même va bientôt prendre place au Musée du Louvre. Ce tableau de 0,565 m sur 0,445 m qui représente l'artiste à vingt-deux ans, est bien supérieur, de l'avis des experts, au fameux portrait (très repeint) de la Pinacothèque de Munich.

Mariage princier
La princesse Élisabeth de Roumanie a épousé à Bucarest le prince héritier Georges de Grèce, à qui elle avait d'abord refusé sa main il y a six ans... La princesse, très aimée dans son pays, est une ardente amie de la France. Artiste, elle préfère la peinture et la musique aux obligations mondaines.

Mort d'un roi
Nicolas de Montenegro est décédé le 1er mars à quatre-vingts ans dans sa villa du cap d'Antibes.

Et aussi le...
1 – Loi du 1er mars 1921 sur la prorogation des loyers. Le marché noir des appartements s'organise.
3 – Dans la nuit du 3 au 4 : vol des paratonnerres de Notre-Dame, dont les pointes sont en platine.
6 – En football, la Belgique bat la France 3 à 1 à Bruxelles.
8 – Première de Madame Sans-Gêne, *de Sardou et Moreau au Théâtre de la Porte-Saint-Martin.*
13 – Inauguration du mémorial de l'armée belge au musée de l'Armée, par Louis Barthou, ministre de la Guerre.
18 – Première de La Bataille, *au Théâtre Antoine, d'après le roman de Claude Farrère. Adaptation de Pierre Frondaie. Avec Gémier, Charles Boyer, Marguerite Moreno, Jean Worms.*
23 – Mort du peintre Jean-Paul Laurens.
27 – Henri Pélissier remporte Paris-Roubaix devant son frère Francis.
28 – A Colombes, pour le Tournoi des Cinq Nations, l'Angleterre bat la France 10 à 6, malgré la présence du maréchal Foch.
– A Dunkerque, lancement du paquebot Désirade.
– A Bordeaux, lancement du sous-marin Maurice Callot.

Avril

On s'inquiète en France de la tentative de restauration de Charles IV de Hongrie. Les Alliés modifient une fois de plus leurs exigences concernant les réparations. Les amateurs d"échecs se réjouissent car le Grand Maître cubain José Raoul Capablanca devient sereinement champion du monde d'échecs en battant l'Allemand Emmanuel Lasker.

L'héroïne des Andes
Le 1er avril, la jeune aviatrice française Adrienne Bolland, déjà détentrice d'un record d'acrobatie où elle a effectué 212 loopings consécutifs, est la première femme à réussir la traversée des Andes. Son biplan Caudron-G3 de 80 ch plafonne à 4 000 mètres et c'est en se faufilant entre des sommets plus élevés, au prix d'une lutte épuisante contre l'altitude et le froid, qu'elle parvient à relier Mendoza, en Argentine, à Santiago du Chili. Durée du vol : 3 h 15 mn.

Jeu de massacre
Le démantèlement de l'aviation militaire allemande se poursuit. Des firmes comme A.E.G. sont chargées de broyer les moteurs et les fuselages. Les inspecteurs alliés découvrent parfois des milliers de moteurs entreposés clandestinement.

La mort d'Augusta-Victoria
Le 11 avril meurt à Doorn, en Hollande, l'ex-Kaiserin Augusta-Victoria, épouse de Guillaume II. Après une enfance pauvre auprès de son père, le duc de Schleswig-Holstein, détrôné par Bismarck, elle devient par son mariage – dont naîtront sept enfants – princesse royale de Prusse, puis impératrice d'Allemagne.

Un glorieux wagon
La voiture n° 2419, de la Compagnie internationale des Wagons-Lits et des Grands Express européens, eut un étrange destin. Ancien wagon-restaurant, elle avait été réaménagée en cabinet de travail, et faisait partie du train spécial mis pendant la guerre à la disposition du maréchal Foch. C'est à ce titre qu'on l'utilise, le 11 novembre 1918, pour la signature de l'armistice. Le président Millerand décide d'en faire don au musée de l'Armée. Le 28 avril, tirée par deux tracteurs, elle fait son entrée sous la voûte des Invalides, où l'on a dû pratiquer des entailles pour lui permettre de passer. Mais son histoire ne s'arrête pas là...

Échec royal
Dernier empereur d'Autriche et roi de Hongrie, Charles de Habsbourg a quitté son exil suisse fin mars pour tenter de reconquérir une de ses couronnes – celle de la Hongrie. La pression des Alliés et la prudence du régent le maréchal Horthy font échouer cette tentative. Quoiqu'ayant refusé d'abdiquer, Charles IV de Hongrie, que l'on voit ici en uniforme de général, est, le 7 avril, contraint de regagner Lucerne.

Et aussi le...
1 – Sarah Bernhardt s'embarque pour Londres pour jouer Daniel *de Louis Auteuil.*
3 – A l'hôtel de ville de Laon, le maréchal Fayolle remet la Croix de guerre à 37 communes de l'Aisne.
4 – Coup de grisou dans les mines de Treyles, commune du Gard : 16 morts.
7 – Au Tournoi de Tennis de Cannes, victoire en double mixte de Suzanne Lenglen – roi de Portugal sur Mrs *Beamish – roi de Suède.*
8 – A Colombes, en rugby, la France bat l'Irlande 20 à 10.
13 – Première du Grand Duc *de Sacha Guitry au Théâtre Edouard VII avec Sacha et Lucien Guitry, Polin, Yvonne Printemps, Jeanne Granier.*
17 – Cyclisme : François Pélissier gagne le Paris-Tours devant Lucien Mottiat et Eugène Christophe.
– Rugby : l'U.S. Perpignan bat le Stade Toulousain à Béziers 5 à 0.
18 – Madame Simone entre à la Comédie française.
20 – André Chevrillon est reçu à l'Académie française.
21 – Premier Grand Prix automobile de Corse remporté par Guyot et endeuillé par l'accident mortel de Delaunay.
– Finale de la Coupe de France de football : le Redstar bat l'Olympique de Paris 2 à 1.

Une femme de génie
C'est en 1892 que la Polonaise Marie Sklodowska arrive à Paris pour poursuivre ses études à la Sorbonne. En 1895, elle épouse Pierre Curie et passe son doctorat ès Sciences avec une thèse sur la radio-activité que vient de découvrir Henri Becquerel. Elle obtient avec ce dernier et son mari le Prix Nobel de Physique en 1903. Première femme professeur à la Sorbonne en 1906, elle obtient à nouveau le Prix Nobel en 1911. Marie Curie qui, pendant la Première Guerre mondiale, a organisé les services de radiologie des armées, s'apprête à partir pour les Etats-Unis recueillir l'hommage que lui vaut la découverte avec son mari du radium en 1898.

Lyautey sous l'Arc
Depuis son inhumation définitive sous l'Arc de Triomphe en janvier, le Soldat inconnu se voit honoré de multiples cérémonies. Le 7 avril, c'est Lyautey, nouvellement promu maréchal de France, qui vient s'incliner sur sa tombe.

Mai

Le calme des meetings socialistes au Pré-Saint-Gervais, à Vincennes à Saint-Denis, contraste avec les violentes manifestations des deux années précédentes, et la vente du muguet n'en est que plus charmante encore. Cependant que les séquelles solennelles, émouvantes ou même exotiques de la guerre, donnent lieu à de multiples manifestations.

$E = mc^2$

Élève et étudiant médiocre et peu assidu, Albert Einstein est pourtant, à quarante-trois ans, professeur à l'Institut Kaiser-Wilhelm de Berlin – poste qu'il n'a accepté qu'après mûre réflexion, car il est juif. C'est en 1905 qu'il a publié ses articles révolutionnaires sur la théorie de la Relativité. Il s'occupe en 21 avec l'architecte Erich Mendelsohn de la construction, près de Potsdam de la « Tour Einstein », un observatoire spécialement conçu pour vérifier l'exactitude de ses thèses.

Il ne sait pas encore – il ne sera en effet couronné à Stockholm que l'année suivante – qu'il est Prix Nobel de Physique non pour la Relativité, encore trop controversée dans le monde savant, mais pour ses travaux sur la lumière, qui aboutissent à la découverte du photon. Einstein estimera toujours regrettable de se voir traité de « physicien », alors que toutes ses théories ne sont que géométriques, et qu'il se considère comme un pur mathématicien. Car l'espace est courbe, et de même que la pente du virage, dans un vélodrome, permet au coureur cycliste de tourner tout en gardant son guidon droit, de même l'univers est illimité sans être infini. De quoi rêver...

La Foire aux Invalides

L'esplanade des Invalides et le Champ de Mars changent de visage pour une semaine, à l'occasion de la treizième Foire de Paris. L'habituelle foule y côtoie les ministres venus l'inaugurer le 10 mai, et surtout le président Millerand, qui admire particulièrement la qualité et la diversité de la production des usines Renault.

Félicitations !
Ses surnoms successifs reflètent sa carrière : « Gégêne », puis « le pâle de Belleville », et aussi, à la suite d'une fracture de la mâchoire en 1916 « menton de verre ». Eugène Criqui, champion de France des poids mouches revient d'une tournée triomphale en Australie.
Il est désormais « le Roi du K.O. ». Rien d'étonnant à ce qu'il se retrouve en compagnie des inévitables Maurice Chevalier et Mistinguett à la traditionnelle fête des Caf'Conc', au stade Bergeyre.

Restitution
Les « réparations » qui agitent le Parlement et l'opinion ne sont pas seulement financières et militaires. Elles prennent aussi une dimension symbolique. Ainsi, les canons que les « Prussiens » avaient pris à la France et exposés, dès 1871, à Berlin, sont rapatriés par train spécial et arrivent à Vincennes le 2 mai. Parmi eux, *« La Belle Joséphine »,* une pièce de marine de 190 qui participa à la défense de Paris.

Gymnastique et politique
Dans le cadre de la Fête de la Fédération des Sociétés de Gymnastique, le président Millerand se rend à Lille et y rencontre le « Roi Soldat », Albert 1er, roi des Belges. Le souverain porte l'uniforme de général qu'il n'a cessé d'arborer depuis le début de la Grande Guerre. Les festivités sont marquées par des discours officiels et des entretiens privés qui réaffirment l'amitié franco-belge.

Un paradis
Au Palais de Glace des Champs-Élysées, se tient le charmant « Salon du Bon Goût français ». Le soleil y illumine, à travers les vitraux autochromes, 250 industries d'art. Marqueteuses alsaciennes, dentellières d'Alençon, brodeuses bretonnes, tisserands auvergnats, travaillent devant un public émerveillé.

Fils du Soleil
C'est la première fois qu'un membre de la famille impériale du Japon quitte le territoire de l'Empire du Soleil Levant. Le prince héritier Hiro-Hito a vingt ans; il sait déjà qu'il va devenir régent en raison de l'incapacité mentale de son père Yoshi-Hito. Une seule journée officielle, où il décore le président Millerand de l'ordre du Chrysanthème.

Alerte monétaire
On fabrique encore des billets de banque dont la valeur est énorme – jusqu'à 1 000 francs. Mais la mentalité populaire veut que le papier vaille moins que le métal, et l'on immobilise volontiers les pièces, dites « monnaie divisionnaire ». Après avoir valu jusqu'à 2,63 F au 11 février 1920, le franc tombe, ce 10 mai, à 0,99 F de son poids en argent. Les journaux conseillent donc au public de vider le bas de laine.

ON COMMENCE A REVOIR LA MONNAIE D'ARGENT

1 FRANC ne vaut exactement que 99 CENTIMES au poids de l'argent

Dans ces conditions, il est bien inutile d'immobiliser sa monnaie divisionnaire.

POUR LES CHIFFRES QUE NOUS AVONS ÉTABLIS CI-DESSOUS, D'APRÈS LES CHIFFRES OFFICIELS, NOUS NOUS SOMMES SERVIS DES COURS DE LONDRES, MARCHÉ MONDIAL DE L'ARGENT

En juin 1914 la pièce de 1 franc valait :	Le 10 mai 1919 la pièce de 1 franc valait :	Le 11 février 1920 la pièce de 1 franc valait :	Fin décembre 1920 la pièce de 1 franc valait :	Le 6 mai 1921 la pièce de 1 franc valait :	Le 10 mai 1921 la pièce de 1 franc valait :
40 centimes	1 franc 02 cent.	2 francs 63 cent.	1 franc 48 cent.	1 franc 02 cent.	99 centimes

Une classe joyeuse
Les réticences de l'Allemagne à « payer » entraînent une réaction des Alliés : l'éventuelle occupation de la Ruhr. La classe 19 est rappelée sous les drapeaux, mais c'est joyeusement – et en hommes hélas ! expérimentés –, que les jeunes soldats rejoignent leur poste.

Amitié gallo-romaine
A l'initiative de la ligue franco-italienne, Barthou, ministre de la Guerre, le maréchal Pétain, l'ambassadeur d'Italie, comte Bonin-Longare, et le général Albrizzi, qui commanda la bataille de Bligny, posent en cette localité la première pierre du monument à la mémoire des 3 000 soldats italiens tombés sur le sol français.

Vive *La Madelon !*
Tous les régiments de France revendiquaient l'honneur d'avoir créé cette chanson de route. Mais un obstiné chercheur, André Laphin, découvre qu'elle est partie de Fontenay-sous-Bois.
C'est donc là que tous, maréchaux, généraux, députés, représentants des ministres de la Guerre, des Pensions, de l'Intérieur, associations d'anciens combattants se rejoignent le 29. Mlle Béchu, « Reine des Reines » de Paris, consacre la plaque glorieuse apposée sur le mur de l'école Jules Ferry, et couronne une « bonne fille » locale, Louise Béraud, Reine de toutes les Reines, cependant que les orphéons municipaux et toute l'assistance reprennent en chœur le célèbre refrain.

Et aussi le...
5 – Centenaire de la mort de Napoléon (voir page 65)
– En football, première victoire de la France sur l'Angleterre au stade Pershing par 2 buts à 1.
6 – Premier des quatre « bals de couleurs » organisés par la marquise de Polignac au profit des œuvres de Reims.
13 – Procès de Barrès par le groupe Dada à la salle des Sociétés Savantes. André Breton préside la séance.
20 – Madame Curie reçoit solennellement 1 gramme de radium des mains du président Harding (voir page 131).
22 – Eugène Christophe gagne Bordeaux-Paris devant Alavoine.
25 – Mort d'Emile Combes, président du Conseil de 1902 à 1905.
– Déraillement d'un train près de Bagnères-de-Bigorre. 9 morts, 11 blessés.
27 – Inauguration des nouvelles arènes de Béziers.
28 – Reprise à Rome, dans la salle du Trône du Vatican, des relations diplomatiques entre la France et le Saint-Siège, interrompues depuis 1904.
31 – La France reçoit de l'Allemagne un premier milliard de marks au titre des réparations.
– Parution au journal officiel du Code de la route.

Juin

L'anti-cléricalisme perd du poids avec des abbés populaires, des pèlerinages, et surtout le rétablissement des relations diplomatiques entre la fille aînée de l'Église et le Vatican, l'année même où meurt Emile Combes, l'homme de la rupture.

Paris – New York
Lancé en 1916, le plus grand paquebot français – 234,15 m de long, 36 700 tonnes – est affecté à la ligne Le Havre-New York. Le 18 juin, le *Paris* transporte vers le Nouveau Monde 3 239 passagers dont 1 118 émigrants.

Brillante réception
Robert de Flers est reçu sous la Coupole par René Doumic le 16 juin. Ses parrains à l'Académie sont Raymond Poincaré et Marcel Prévost. Il rend un vibrant hommage à son prédécesseur, le marquis de Ségur.

L'abbé et l'auto
L'abbé Gavois, curé de Renneville (Somme) possède la plus vieille automobile encore en état de marche : elle a plus de trente ans. Mais les nécessités financières de ses pauvres le poussent à mettre aux enchères à Paris cette relique.

L'aviette de Poulain
Le Prix Peugeot, de 10 000 francs, était destiné à récompenser le premier homme qui franchirait, à l'aide de ses seules forces, une distance de 10 mètres, à 1 mètre du sol. Surnommé « l'ange Gabriel », et champion du monde de vitesse en 1905, Gabriel Poulain a fait construire cette « aviette ». Le 18 juin, à Longchamp, il plane sur 10 mètres à 80 centimètres du sol.

Fille aînée de l'Église
Interrompues depuis juillet 1904 à la suite de la loi Combes sur la fermeture des écoles religieuses, les relations diplomatiques avec le Vatican reprennent. M. Jonnart – que l'on voit ici s'apprêtant à présenter au pape ses lettres de créance – devient ambassadeur près le Saint-Siège.

Sainte Mer... l'Église
La Provence célèbre son pèlerinage annuel aux Saintes-Maries-de-la-Mer. Sous les acclamations des paysans, des gardians, des bohémiens, le cardinal de Cabrières et Mgr Rivière, archevêque d'Aix, donnent leur bénédiction à la mer à bord d'une barque de pêcheurs.

Éternel Verdun
Chaque année depuis 1917, Verdun commémore, le 23 juin, la bataille qui l'immortalise. Cette année, Raymond Poincaré, ancien président de la République et actuellement sénateur de la Meuse, est fait citoyen d'honneur de la ville. C'est le ministre des Pensions qui prononce le discours à la gloire des héros tombés ; son nom : Maginot...

Et aussi le...
1 – Départ de Louis Barthou, ministre de la Guerre, pour un voyage d'inspection en Rhénanie.
5 – Avant-première de L'Homme et son désir, *livret de Paul Claudel, musique de Darius Milhaud, au Théâtre des Champs-Élysées, par les Ballets suédois.*
6 – Mort de Georges Feydeau.
– Soirée de gala franco-américaine à l'Odéon, en présence du prince Hiro-Hito.
16 – Débat sur le vote des femmes à la Chambre et au Sénat.
18 – Première de Ça va, *revue de Rip et Gignoux au Théâtre de Paris, avec Raimu et Thérèse Dorny.*
19 – Pétain pose la première pierre de la chapelle de Notre-Dame de Lorette à la mémoire des 100 000 soldats français ensevelis dans le plateau, entre Arras et Béthune.
20 – Le baron Edmond de Rotschild fait un don de 10 millions pour la recherche scientifique.
23 – A Damas, tentative d'assassinat contre le général Gouraud.
25 – L'express Lille-Paris déraille près d'Albert : 25 morts, 62 blessés.
26 – Inauguration, dans le Jura, de la ligne de chemin de fer électrique Morez-Les Rousses-Saint-Cergue.
– Le Belge L. Scieur termine vainqueur du Tour de France cycliste.

Juillet

Scènes d'exode : à Paris, où la température a doublé par rapport à la moyenne saisonnière, les habitants disposant de quelques loisirs se ruent vers les gares. La chaleur n'adoucit pas les mœurs et, au Congrès de la C.G.T., à Lille, les revolvers partent tout seuls. Seuls les tirailleurs sénégalais, à l'occasion de leur fête, semblent apprécier le record du thermomètre. Et pendant que l'Alsace rend hommage à un grand patriote, victime des Allemands, de l'autre côté du Rhin on juge – timidement – quelques criminels de guerre.

La messe des sportifs
Le dimanche 3 juillet, au vélodrome du Parc des Princes, le cardinal Dubois, archevêque de Paris, a présidé la fête de la Fédération des patronages catholiques. Quatre-vingts sociétés étaient réunies, groupant 1 500 gymnastes, pour lesquels une messe fut célébrée en plein air, à un autel dressé sur une estrade. Après l'office, le cardinal prit la parole pour exalter les mérites de la discipline et les qualités qu'elle engendre. L'après-midi fut consacrée à un grand défilé et à des exercices, applaudis avec enthousiasme par une nombreuse assistance.

Alphonse XIII chez Louis XIV
Le roi d'Espagne et le président de la République – suivis ici par M. Léon Bérard donnant le bras à Mme Millerand – ont inauguré, dans le château de Versailles, une exposition de tapisseries des Gobelins. Enfouies jusqu'ici parmi les richesses peu connues du garde-meuble national, elles retracent l'histoire du Grand Roi et ont été exécutées sous la direction de Lebrun. La visite a été suivie par une conférence de Robert de Flers, dans la Galerie des Glaces sur le thème : « Le mot d'esprit au XVIIIe siècle ». Alphonse XIII riait sans contrainte, et, se penchant vers la présidente, il s'exclama : « Il est épatant ! »

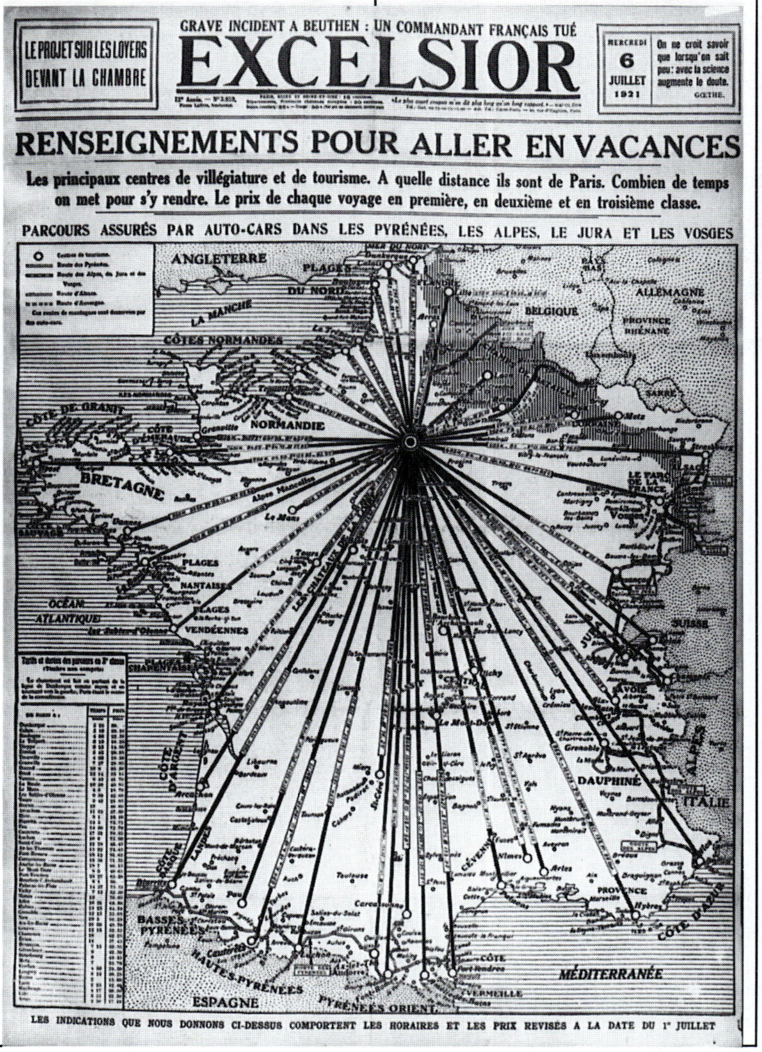

LE PROJET SUR LES LOYERS DEVANT LA CHAMBRE

GRAVE INCIDENT A BEUTHEN : UN COMMANDANT FRANÇAIS TUÉ

EXCELSIOR

MERCREDI 6 JUILLET 1921

On ne croit savoir que lorsqu'on sait peu : avec la science augmente le doute. GŒTHE.

RENSEIGNEMENTS POUR ALLER EN VACANCES

Les principaux centres de villégiature et de tourisme. A quelle distance ils sont de Paris. Combien de temps on met pour s'y rendre. Le prix de chaque voyage en première, en deuxième et en troisième classe.

PARCOURS ASSURÉS PAR AUTO-CARS DANS LES PYRÉNÉES, LES ALPES, LE JURA ET LES VOSGES

LES INDICATIONS QUE NOUS DONNONS CI-DESSUS COMPORTENT LES HORAIRES ET LES PRIX REVISÉS A LA DATE DU 1er JUILLET

Infirme et criminel
Renonçant à l'article 228 du Traité de Versailles, les Alliés ont laissé à l'Allemagne le soin de juger ses criminels de guerre. A Leipzig vient de commencer le plus important des procès : celui du général Stenger qui faisait fusiller sur place, en Lorraine, en août 1914, les prisonniers français désarmés, et du major Crusius qui appliquait ses consignes. En grand uniforme, couvert de médailles, le général qui a perdu une jambe à la guerre est arrivé clopin-clopant pour s'expliquer sur son ordre : « *Il ne sera pas fait de prisonniers. Tout ennemi sera fusillé.* »

Bagarres au Congrès
Le 16ᵉ Congrès national de la C.G.T., qui s'est ouvert le 25 au Palais Rameau, à Lille, s'est tenu dans une atmosphère de violences. Des pugilats ont opposé majoritaires et minoritaires, des coups de feu ont même été tirés. Bilan : trente blessés dont deux grièvement.

Ruée vers les plages
La vague de chaleur aidant, les Parisiens se précipitent vers les gares – ci-dessus, la file des voitures à Saint-Lazare – et de là, vers les plages. Dieppe est à 3 h 15, Trouville à 4 h 33, La Baule à 10 h 38, Biarritz à 14 h 05 et Nice à 19 h 05.

Où vont-ils ?
Tournez la page et vous saurez où se dirige ce cortège d'officiels en haut-de-forme et d'académiciens en bicorne...

... Fêter les 300 ans de Jean de La Fontaine
Un cortège officiel, en tête duquel marchaient (page précédente) M. Bérard, ministre de l'Instruction publique, et M. Flamand, maire de Château-Thierry, a accompli dans cette ville le pèlerinage à la maison natale du grand fabuliste dont c'était, le 8, deux jours auparavant, le tri-centenaire de la naissance. On voit ici le ministre ressortir de la maison-musée, fort endommagée par la guerre, en compagnie des académiciens Alfred Capus et Robert de Flers. Ces derniers prononcèrent des discours pleins de bonhomie au pied de la statue du « bonhomme » La Fontaine, lui aussi victime de la guerre puisque son effigie souffre, au mollet gauche, d'une plaie béante provoquée par un éclat d'obus.

Jeanne est de retour
Le 17 juillet, 492e anniversaire du jour où la Pucelle mena le roi Charles VII à la basilique du sacre, la statue de Jeanne d'Arc a fait sa rentrée dans Reims. Cette œuvre du sculpteur Paul Dubois, naguère offerte à la ville par son académie, avait été légèrement atteinte lors du bombardement de la cathédrale. Transportée à Paris, elle y attendait son retour depuis l'armistice. Pour fêter cet événement, le cardinal Luçon, archevêque de Reims, devait célébrer une messe pontificale en plein air, sur un autel adossé au portail central de la basilique.

Un grand patriote alsacien
Le 10 juillet, la ville de Colmar a inauguré le monument à la mémoire du député Jacques Preiss, mort en mars 1916, en exil, à Munich, après un long calvaire commencé en septembre 1914, quand les Allemands l'arrêtèrent puis le traînèrent d'une prison à l'autre. Député d'Alsace au Reichstag, il y fut l'interprète tenace des revendications alsaciennes. Victime des mauvais traitements subis pendant la guerre dans les geôles allemandes, il dit à un ami, avant de mourir : *« Je ne reverrai pas Colmar. Mais, vous, vous reverrez l'Alsace redevenue française. »*

Paris brûle-t-il ?
36 degrés le 12 juillet : le thermomètre n'était pas monté aussi haut depuis dix ans à Paris, où la moyenne du mois s'établit à 18 degrés. Il fait si chaud que l'eau a manqué dans certains quartiers et l'on se presse autour du filet d'eau des fontaines Wallace (ci-dessus). On se baigne dans la Seine, les marchands d'éventails font fortune, à midi les rues sont désertes, et le casque colonial apparaît même sur la tête des malheureux sergents de ville.

La Fête des tirailleurs
La grande fête organisée le 10 juillet aux Tuileries en l'honneur des tirailleurs sénégalais, a été présidée par M. Sarraut, ministre des Colonies. Après un défilé au son de la nouba, un bataillon du 19e régiment de tirailleurs (dont on voit, photo en haut de page, la présentation du drapeau) a exécuté une charge à la baïonnette dans les jardins, suivie d'une manifestation folklorique de chant et de danse Ouolof. Le général Archimard a rendu un vibrant hommage à la bravoure de ces soldats.

Et aussi le...
2 – Match Carpentier-Dempsey à Jersey City (voir page 102).
3 – Dans les Vosges, inauguration du monument de l'Hartmannswillerkopf (Vieil-Armand) par le général Humbert gouverneur général de Strasbourg.
5 – A la Sorbonne, cérémonie du centenaire de la Société de Géographie.
11 – La Chambre et le Sénat votent la suppression de la revue militaire du 14 juillet, à cause de la vague de chaleur.
12 – Le président Millerand inaugure le monument Au génie latin *dans les jardins du Palais-Royal.*
13 – Mort du physicien Gabriel Lippmann.
19 – Pose de la première pierre de la bibliothèque de Reims (détruite pendant la guerre), par Murray Butler, président du Comité européen de la Fondation Carnegie qui a offert 200 000 dollars à la ville.
20-27 – En Normandie, grande semaine maritime et voyage officiel du président Millerand.
30 – L'aviateur suisse Durafour se pose sur le col du Dôme au mont Blanc (voir page 149).
– Raymond Poincaré pose la première pierre du monument du Bois au Prêtre (Meurthe-et-Moselle), lieu de terribles combats en 1915.

Août

A Paris comme à Deauville, c'est le temps des vacances. Le Conseil Suprême renvoie à la S.D.N. le dossier brûlant de la haute Silésie. Un grand clown nous quitte discrètement, un célèbre ténor avec plus de fracas. A Rambouillet, les Millerand reçoivent la famille royale de Roumanie ; à Randan la reine de Portugal vient au mariage de son frère Montpensier.

L'American Legion à Versailles
La délégation de la Légion américaine, qui avait débarqué le 12 à Cherbourg, vient de terminer le 26 à Versailles le pèlerinage du souvenir qui l'a conduite à Blois, à Tarbes (chez le maréchal Foch), à Metz, à Château-Thierry et à Paris. On voit ici les anciens combattants de Pershing dans la cour d'honneur du palais, qu'ils ont visité avant d'assister à une revue sur la place d'Armes, puis à une cérémonie devant la statue de Hoche. Ils avaient été accueillis à Versailles par M. Juillard, préfet de Seine et Oise.

Adieu, Foottit
Avec la mort de Foottit la lignée des grands clowns s'éteint. Gymnaste musclé, écuyer adroit, danseur habile et fin psychologue, il était devenu à force de travail un roi du cirque. Retiré de la piste, le partenaire du fidèle Chocolat avait ouvert un bar américain près des Champs-Élysées où il recevait ses admirateurs.

Les « baigneurs » de Deauville
C'est la pleine saison sur la plage normande, où, chaque jour, de nombreux « baigneurs », qui n'entrent jamais en contact avec l'onde amère, viennent assister aux ébats des nageurs. Les courses de chevaux et les matches de polo sont très suivis.

Le mariage Montpensier
C'est dans sa résidence du château de Randan que le duc de Montpensier, Ferdinand-François-Philippe d'Orléans, a épousé, le 20 de ce mois, Isabelle-Marie-Joséphine de Valdeterrazo, fille du marquis et de madame née Isabelle de Ybarruta-Uhagon. Le mariage religieux a été célébré dans la petite église de Randan, parée de tentures bleues aux armes de la maison de France, en présence de la reine Amélie du Portugal, sœur du marié. La mariée portait un manteau de dentelles, le duc était en frac bleu foncé. Une centaine d'invités venus de Vichy en automobile assistaient à la cérémonie autour des princes de la maison de France.

Caruso nous quitte
Le célèbre ténor italien est mort le 2 à Naples, sa ville natale. Agé de cinquante-trois ans, il revenait des États-Unis où il avait été gravement malade. Enrico Caruso possédait 67 rôles d'opéra et plus de 500 chants au service de sa voix rayonnante.

Échec au Conseil Suprême
Du 8 au 13, cinq jours n'auront pas suffi pour régler le problème de la haute Silésie. Lloyd George et Briand ne parvenant à se mettre d'accord, le comte Ishii, président du conseil de la S.D.N., hérite du dossier. Ici, lord Curzon (à gauche), inventeur de la ligne de partage qui porte son nom, s'entretient avec Sir Robert Horne, avant la grande réception de clôture à Rambouillet.

Et aussi le...
3 – A Copenhague, le cycliste Victor Linart devient champion du monde des 100 kilomètres.

7 – Le ministre de l'Intérieur, M. Marraud, met en place une commission chargée de l'étude de la répression et de la prévention des agressions dans les trains.

13 – Voyage d'inauguration du Versailles *(1 200 passagers), paquebot assurant la liaison Dieppe-New-Haven en 2 h 50.*

21 – Inauguration par l'American Legion du monument de Flirey, dédié par la Lorraine aux États-Unis.

– Le cheval Zagreus *gagne le Grand Prix de Deauville.*

22 – Parution de la traduction française du livre de Maxime Gorki, Ma vie d'enfant.

24 – Visite de M. Hughes, 1er ministre australien, aux cimetières de la Somme.

28 – Cérémonie du Grand-Pardon à Ste-Anne-la-Palud en Bretagne.

30 – Réunion à Paris de la Commission internationale d'aide à la Russie.

31 – L'aviateur Henry Roget meurt d'une pleurésie à l'hôpital du Val de Grâce à Paris.

Une princesse à Rambouillet
La petite princesse Ileana de Roumanie s'est promenée en barque sur la pièce d'eau du château de Rambouillet, entre Mlle Becq de Fouquières (à gauche) et Mlle Marthe Millerand. Pendant cette joyeuse partie de canot, le roi Ferdinand et la reine Marie étaient les hôtes du président et de Mme Millerand pour un déjeuner auquel assistait M. Aristide Briand. Réception intime car les souverains de Roumanie voyagent à titre privé en France, où le roi est venu faire une cure à Bagnoles-de-l'Orne.

Septembre

C'est une France apparemment immuable, celle des traditions, qui se manifeste en province dans les fêtes folkloriques et les foires médiévales. Mais déjà irriguée par le chemin de fer – on fête le cinquantenaire du tunnel du mont Cenis – elle va bientôt être sillonnée de petites voitures économiques. Aurons-nous un jour autant d'automobiles que cette Amérique qui nous envoie ses deux héros : Pershing pour la guerre, et Charlot pour la paix.

Les deux champions
Le champion du ring, Georges Carpentier, est venu féliciter le champion du rire, Charlie Chaplin, en visite à Paris. Venant de Londres, Charlot est arrivé le 19 en compagnie de Douglas Fairbanks et de Mary Pickford. Son voyage en Angleterre et en France déchaîne l'enthousiasme des foules.

Les 50 ans du tunnel
Le cinquantenaire du tunnel du mont Cenis a été célébré sur ses deux versants. Ici, en Italie, à Bardonnèche, une plaque commémorative – en latin – a été apposée, le 16, à l'entrée de l'ouvrage. A Turin, on a honoré le monument de l'ingénieur Medail, collaborateur de l'ingénieur français Sommeiller, dont le buste était fleuri à Annecy.

Les fêtes du Huelgoat
Elles sont organisées par les syndicats d'initiative bretons afin de mieux faire connaître le pays d'Argoat – le « pays des bois », la Bretagne de l'intérieur – par opposition au pays d'Armor, maritime. On voit ici le défilé des Bretons en costumes régionaux devant leur compatriote Yves Le Trocquer, ministre des Colonies.

Pershing en France
Une nouvelle manifestation de l'amitié franco-américaine : le général Pershing a débarqué le 20 au Havre. Venu à Paris pour déposer la médaille du Congrès sur la tombe du Soldat inconnu, il ramènera aux États-Unis le corps d'un soldat américain inconnu qui reposera au cimetière d'Arlington.

La grande foire d'Autun
Des paysans débattent le prix d'une paire de bœufs – 6 000 à 7 000 F, lors du grand marché aux bestiaux qui a lieu chaque année, le 1er septembre, sur la place du Champ de Mars à Autun. La pittoresque foire de la Saint Ladre qui existe depuis le Xe siècle, a attiré cette année de nombreux touristes.

Nouvelles pièces
Le 15, première distribution par la Banque de France des jetons de 1 F et 2 F en bronze d'aluminium, à l'effigie du Mercure assis, de Damard.

5 litres aux 100 km
Un record de sobriété pour ce nouveau modèle Peugeot qui atteint 60 km/h. Véhicule léger à voie très étroite, pesant moins de 350 kg, d'une cylindrée de 667 cm³, équipée d'une boîte-pont à 3 vitesses sans différentiel, la Quadrilette est promise à un bel avenir.

Avions U.S. sur le Rhin
Le haut-commissaire français en Rhénanie, M. Paul Tirard, a pris place à bord d'un avion piloté par le major Burwell, commandant des escadrilles de l'U.S. Air Force, pour survoler les grandes manœuvres de l'armée américaine d'occupation.

Et aussi le...
4 – Louis Mottiat remporte Paris-Brest-Paris et retour (voir page 138).
– Le Français J. Goux remporte le Grand Prix automobile d'Italie à Brescia.
10 – L'Express Strasbourg-Lyon déraille aux Échets : 50 morts.
14 – A Paris, mise en place de la nouvelle carte d'identité avec empreintes digitales et photo.
18 – A Soissons, le ministre des Finances Paul Doumer décore de la Croix de guerre la ville et 113 autres communes.
21 – Arrivée en France du général Pershing qui plantera, le 19 octobre, « le chêne américain », symbole de l'amitié franco-américaine, dans les jardins du Trocadéro.
28 – Un incendie ravage les nouveaux magasins du Printemps, boulevard Haussmann (voir page 91).

Octobre

Les tragédies ferroviaires, les erreurs judiciaires, les incertitudes sur l'avenir de la paix avant la Conférence de Washington, font un bien triste contrepoint aux chants de gloire patriotiques, aux grands discours d'Aristide Briand, et à la gloire de notre empire colonial.

Briand chez lui
C'est à Saint-Nazaire non loin de Nantes, sa ville natale, qu'Aristide Briand a exercé son métier d'avocat. Il s'y rend le 9 octobre, à la veille de son départ pour l'Amérique où va se tenir la Conférence de Washington sur le désarmement. Après avoir reçu l'émouvant hommage des coups de canons tirés en l'honneur du drapeau français par le cuirassé *Strasbourg,* récupéré au titre des réparations, il prononce un discours sur l'application du Traité de Versailles.

Voyage royal
Passionnés d'aviation, c'est par la voie des airs que le roi Albert 1er et la reine des Belges se sont rendus au Maroc. Après avoir visité Fèz, Meknès, Rabat, ils se rendent à Casablanca, où le maréchal Lyautey leur montre les plans d'aménagement du port : une jetée de 1900 m de long permettra désormais aux grands navires de s'amarrer directement aux quais de débarquement, événement capital pour l'avenir économique du pays.

Erreur judiciaire
Condamnés à mort pour meurtre en juillet, Sacco et Vanzetti le sont en appel par le jury de Boston. L'absence de preuve suscite l'indignation comme en témoigne cette manifestation londonienne.

L'accord de Wiesbaden
MM. Loucheur, représentant la France, et Rathenau, délégué allemand, signent le 6 octobre un accord sur les réparations. L'Allemagne paiera en nature – main d'œuvre et fournitures.

Illustres alpinistes
Le maréchal Joffre, en résidence à Saint-Gervais, invite le président Deschanel, en villégiature à Chamonix, à faire une excursion au col de Voza et sur le glacier de Bionnassay. La vue splendide sur la chaîne du Mont-Blanc fait déclarer aux deux hommes, qui pourtant ont vu beaucoup de choses, que *« l'on ne peut rien voir ni imaginer de plus beau. »*

Catastrophe ferroviaire
Le 5, sous le tunnel des Batignoles, gare Saint-Lazare, le train 253, qui se dirige vers Les Moulineaux tamponne le train 333, à destination de Versailles-Rive-Droite. Les wagons étant éclairés au gaz, le choc provoque un incendie d'où les pompiers dégageront en plusieurs jours une trentaine de morts et des dizaines de blessés. L'aiguilleur Lahazic est arrêté par le commissaire Oudaille, car c'est lui qui a donné le feu vert au second train alors que le premier était immobilisé par une panne sous le tunnel. Mais la conséquence principale du drame est la décision prise par le ministre des Transports Yves Le Trocquer, de détruire le tunnel, et de rendre obligatoire l'éclairage électrique des voitures sur l'ensemble du réseau ferroviaire.

Revanche symbolique
A Metz, sur l'emplacement où se trouvait depuis 1909 la statue de Frédéric III de Prusse, Barthou, ministre de la Guerre, inaugure le 16 octobre, un monument au poète patriote Paul Déroulède, mort à la veille de la Guerre, mais qui a chanté prophétiquement la gloire de l'armée française.

Et aussi le...
1 – L'aviateur français Kirch gagne la coupe Deutsch de la Meurthe (300 kilomètres en 1 h 4' 39" 1/5).
2 – A Sainte-Hermine, en Vendée, inauguration d'un monument à Clemenceau, en sa présence (voir page 142).
5 – Ouverture du XVIe Salon de l'automobile au Grand Palais à Paris.
6 – La Chambre vote une loi ouvrant un crédit de six millions de francs d'aide à la Russie.
19 – Première de La Gloire, *de Maurice Rostand au Théâtre Sarah Bernhardt, avec Sarah Bernhardt et Yonnel.*
20 – A Paris, attentat manqué contre Milton M.T. Herrick, ambassadeur des États-Unis en France. Le lendemain une grenade est lancée contre la police à la salle Wagram, où se tient un meeting communiste de protestation contre la condamnation à mort de Sacco et Vanzetti.
23 – A Paris, le Palais de Glace redevient une piste de patinage.
28 – Accueil triomphal du maréchal Foch à New York.

Formation continue
De nombreux généraux français et étrangers en stage à l'École d'application aéronautique de Versailles visitent, le 23 novembre, à Villacoublay, l'escadrille d'expériences aéronautiques. Ils assistent à de nombreuses démonstrations où s'illustrent les « as » Casale, Bossoutrot et Fronval.

Novembre

La Conférence des Alliés sur le désarmement se tient à Washington, mais d'autres français qu'Aristide Briand ont franchi l'Atlantique pour se rendre, les uns au Canada, les autres en Amérique Latine. Cependant, le Salon de l'Aéronautique attire au Grand Palais de nombreux experts étrangers.

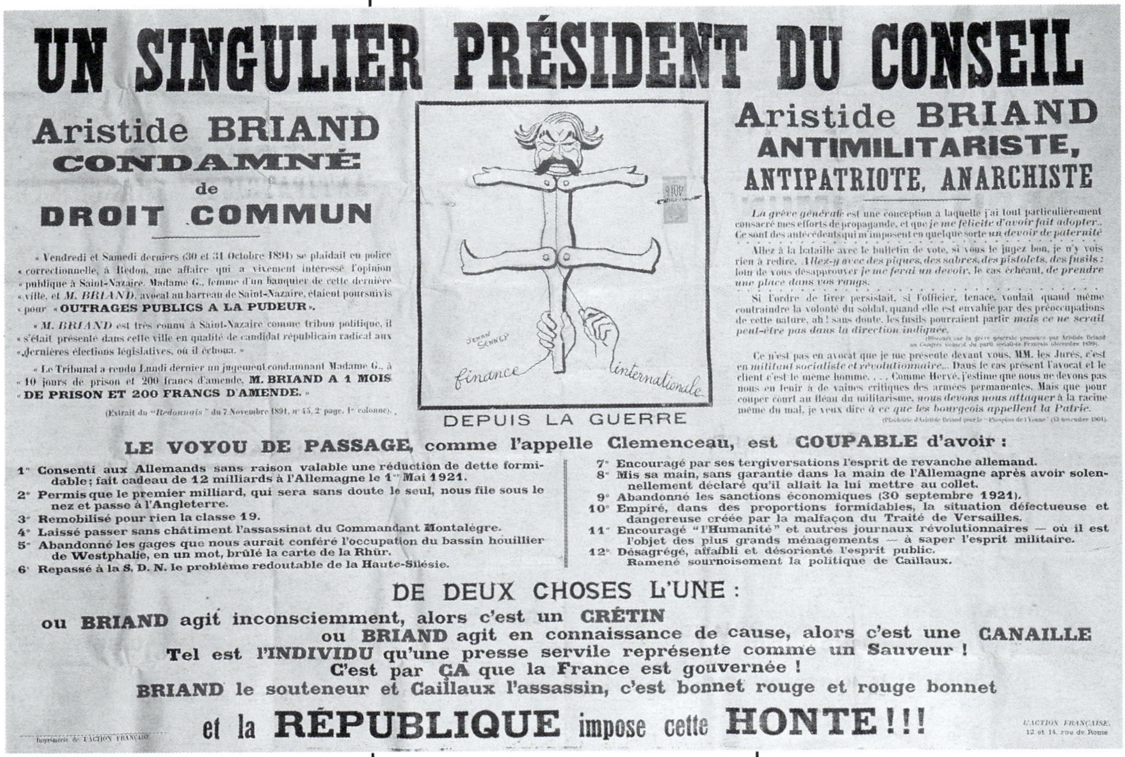

UN SINGULIER PRÉSIDENT DU CONSEIL

Aristide BRIAND
CONDAMNÉ
de
DROIT COMMUN

« Vendredi et Samedi derniers (30 et 31 Octobre 1891) se plaidait en police « correctionnelle, à Redon, une affaire qui a vivement intéressé l'opinion « publique à Saint-Nazaire. Madame G., femme d'un banquier de cette dernière « ville, et *M. BRIAND*, avocat au barreau de Saint-Nazaire, étaient poursuivis « pour « **OUTRAGES PUBLICS A LA PUDEUR** ».

« *M. BRIAND* est très connu à Saint-Nazaire comme tribun politique, il « s'était présenté dans cette ville en qualité de candidat républicain radical aux « dernières élections législatives, où il échoua. »

« Le Tribunal a rendu Lundi dernier un jugement condamnant Madame G., à « 10 jours de prison et 200 francs d'amende, **M. BRIAND A 1 MOIS** « **DE PRISON ET 200 FRANCS D'AMENDE.** »

(Extrait du "*Redonnais*" du 7 Novembre 1891, n° 45, 2° page, 1re colonne).

DEPUIS LA GUERRE

Aristide BRIAND
ANTIMILITARISTE,
ANTIPATRIOTE, ANARCHISTE

La grève générale est une conception à laquelle j'ai tout particulièrement consacré mes efforts de propagande, et que *je me félicite d'avoir fait adopter*.. Ce sont des antécédents qui m'imposent en quelque sorte *un devoir de paternité*

Allez à la bataille avec le bulletin de vote, si vous le jugez bon, je n'y vois rien à redire. *Allez-y avec des piques, des sabres, des pistolets, des fusils* : loin de vous désapprouver *je me ferai un devoir*, le cas échéant, *de prendre une place dans vos rangs*.

Si l'ordre de tirer persistait, si l'officier, tenace, voulait quand même contraindre la volonté du soldat, quand elle est envahie par des préoccupations de cette nature, ah ! sans doute, les fusils pourraient partir *mais ce ne serait peut-être pas dans la direction indiquée*.

(Discours sur la grève générale prononcé par Aristide Briand au Congrès Général du parti socialiste Français (décembre 1899).

Ce n'est pas en avocat que je me présente devant vous, MM. les Jurés, c'est en *militant socialiste et révolutionnaire*... Dans le cas présent l'avocat et le client c'est le même homme. . . . Comme Hervé, j'estime que nous ne devons pas nous en tenir à de vaines critiques des armées permanentes. Mais que pour couper court au fléau du militarisme, *nous devons nous attaquer* à la racine même du mal, je veux dire *à ce que les bourgeois appellent la Patrie*.

(Plaidoirie d'Aristide Briand pour le "Pioupiou de l'Yonne" (13 novembre 1901).

LE VOYOU DE PASSAGE, comme l'appelle Clemenceau, est **COUPABLE** d'avoir :

1° Consenti aux Allemands sans raison valable une réduction de dette formidable ; fait cadeau de 12 milliards à l'Allemagne le 1er Mai 1921.
2° Permis que le premier milliard, qui sera sans doute le seul, nous file sous le nez et passe à l'Angleterre.
3° Remobilisé pour rien la classe 19.
4° Laissé passer sans châtiment l'assassinat du Commandant Montalègre.
5° Abandonné les gages que nous aurait conféré l'occupation du bassin houillier de Westphalie, en un mot, brûlé la carte de la Rhür.
6° Repassé à la S. D. N. le problème redoutable de la Haute-Silésie.
7° Encouragé par ses tergiversations l'esprit de revanche allemand.
8° Mis sa main, sans garantie dans la main de l'Allemagne après avoir solennellement déclaré qu'il allait la lui mettre au collet.
9° Abandonné les sanctions économiques (30 septembre 1921).
10° Empiré, dans des proportions formidables, la situation défectueuse et dangereuse créée par la malfaçon du Traité de Versailles.
11° Encouragé "l'Humanité" et autres journaux révolutionnaires — où il est l'objet des plus grands ménagements — à saper l'esprit militaire.
12° Désagrégé, affaibli et désorienté l'esprit public.
Ramené sournoisement la politique de Caillaux.

DE DEUX CHOSES L'UNE :
ou **BRIAND** agit inconsciemment, alors c'est un **CRÉTIN**
ou **BRIAND** agit en connaissance de cause, alors c'est une **CANAILLE**
Tel est **l'INDIVIDU** qu'une presse servile représente comme un Sauveur !
C'est par **ÇA** que la France est gouvernée !
BRIAND le souteneur et **Caillaux** l'assassin, c'est bonnet rouge et rouge bonnet
et la **RÉPUBLIQUE** impose cette **HONTE !!!**

Imprimerie de L'ACTION FRANÇAISE
L'ACTION FRANÇAISE, 12 et 14, rue de Rome

Outrances journalistiques
Alors qu'Aristide Briand est à la Conférence de Washington sur la limitation des armements, l'Action Française de Charles Maurras et Léon Daudet l'accable des sarcasmes les plus violents, bel exemple du type d'excès dont était coutumière toute une presse de l'époque.

Exposition itinérante
L'amitié franco-canadienne entraîne des échanges commerciaux. Sous l'impulsion du sénateur Beaubien et du comte d'Arnaud, le premier train-exposition français part de Montréal pour traverser le pays. Les visiteurs de ses sept wagons peuvent y admirer les œuvres d'art, les productions industrielles, la mode et l'orfèvrerie, ainsi que les vues touristiques de leur fidèle alliée européenne.

La Sainte-Catherine
Etes-vous couturière, modiste, coiffeuse, célibataire, et âgée de vingt-cinq à trente-cinq ans ? Dans ce cas vous êtes une « catherinette », et vous défilez en chantant, sur les boulevards, la rue de la Paix, la rue Royale, revêtue de vos plus charmants atours décorés des insignes de votre profession, le 25 novembre, fête de votre sainte patronne.

Déjeuner en plein air
Le 3 juin, le général Mangin a commencé son triomphal périple en Amérique Latine. C'est au Brésil, seul état du continent sud-américain à avoir participé, par l'envoi de troupes, à la victoire alliée, que l'accueil est le plus chaleureux.
On voit ici le déjeuner offert en l'honneur du général au champ de manœuvres de Géricino, près de Rio de Janeiro.

Le Moyen Age sous la Coupole
« Au moment où je vous accueille, il me semble qu'Iseult la Blonde vous conduit par la main ». Telles sont les paroles de Louis Barthou, qui reçoit sous la Coupole, au fauteuil d'Edmond Rostand, Joseph Bédier, le magnifique adaptateur des plus célèbres romans du Moyen Age.

Et aussi le...
6 – Fêtes du septième centenaire de la Faculté de Montpellier, en présence du président de la République. Inauguration du monument de Rabelais.
8 – Les aviateurs Deullin et de Marnier inaugurent la ligne Paris-Prague-Bucarest-Constantinople.
9 – Mort du général Humbert, gouverneur de Strasbourg, très populaire en Alsace.
14 – A Conflans-Sainte-Honorine, inauguration de la première école destinée aux enfants de bateliers.
– Création de l'opérette Dédé, *de Willemetz et Christiné, au théâtre des Bouffes Parisiens. Maurice Chevalier triomphe avec* Dans la vie faut pas s'en faire.
20 – Trente-sept jeunes Afghans, dont Hidaratulla Khan, fils de l'émir d'Afghanistan, entrent au lycée Michelet à Paris pour y faire leurs études.
22 – Mort du philosophe Émile Boutroux, membre de l'Académie Française.
23 – Inauguration du musée de l'Aviation à Chalais-Meudon.
30 – Firmin Gémier est nommé directeur du théâtre de l'Odéon.

Décembre

Avec l'année qui se termine, l'Europe compte un État de plus : l'Irlande du Sud. Le traité de paix ne fait pas l'unanimité car il consacre la division du vert pays. Mais c'est peut-être la télégraphie sans fil qui effacera demain les frontières, car elle accroît tous les jours sa puissance et sa portée. Paris enterre solennellement Saint-Saëns et secourt les réfugiés russes. Saint-Cyr change de drapeau, sa fière devise demeure la même.

Un concert par T.S.F.
Le 22, les progrès de la télégraphie sans fil ont permis de faire entendre à Lille un concert donné à Paris (250 km) dans le poste de la Tour Eiffel, qui émettait sur 2 600 mètres avec une énergie de 1 kilowatt. On voit ici Lucien Guitry disant des vers dans le bureau du commandant Julien, chef du poste, à l'intention des auditeurs lillois. L'émission fut captée jusqu'aux Pyrénées, en Suisse et en Hongrie.

Les obsèques de Saint-Saëns
Dans l'église de la Madeleine, Paris a fait des funérailles nationales à Camille Saint-Saëns. 250 musiciens ou choristes exécutèrent la *Marche héroïque* du grand compositeur, pour lequel un premier service funèbre avait été célébré à Alger où, venu pour passer l'hiver, il était décédé le 17.

Pour les réfugiés russes
Le 13, première journée de charité organisée, au profit des familles russes réfugiées en France, par la duchesse Marie de Russie et la princesse Paley. Princesses, comtesses et baronnes tenaient les comptoirs où l'on trouvait de nombreux objets confectionnés par des femmes russes, échappées à la Révolution qui les a ruinées.

Un état libre d'Irlande
Par ce traité historique, signé le 6, l'Irlande du Sud accède à l'indépendance. C'est le résultat de plusieurs semaines de négociations à la Conférence de Londres. Le nouvel état obtient le statut de dominion du Commonwealth, comme le Canada, la Nouvelle-Zélande, l'Australie et l'Afrique du Sud. Il est donc autonome à l'exception de la défense extérieure qui reste sous la responsabilité britannique. Capitale Dublin.

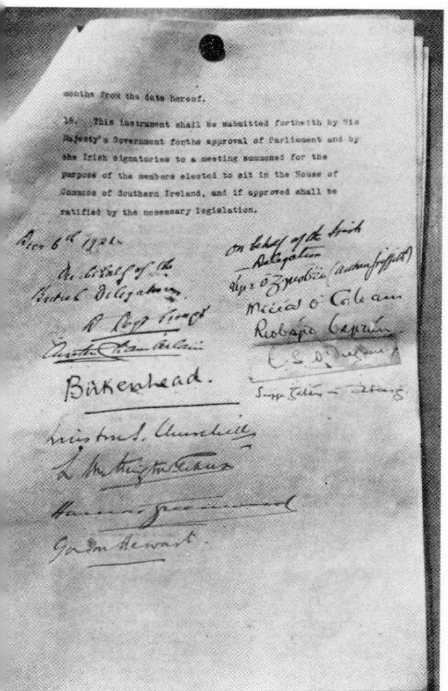
months from the date hereof.

18. This instrument shall be submitted forthwith by His Majesty's Government for the approval of Parliament and by the Irish signatories to a meeting summoned for the purpose of the members elected to sit in the House of Commons of Southern Ireland, and if approved shall be ratified by the necessary legislation.

Dec 6th 1921

Birkenhead

Le drapeau de Saint-Cyr
Le général Tanan, directeur de l'École Spéciale Militaire, a présenté aux Saint-Cyriens en bleu horizon, coiffés du casoar empanaché, leur nouveau drapeau sur lequel est brodée la phrase de Napoléon : « Ils s'instruisent pour vaincre ». L'ancien drapeau, vieux de cinquante ans, témoignait des outrages du temps. A la cérémonie, simple et émouvante, assistaient des délégations d'officiers roumains, tchécoslovaques et polonais.

Et aussi le...
11 – A Constantinople, grande cérémonie dans la cathédrale française du Saint-Esprit, pour l'inauguration d'une statue du pape Benoît XV.
12 – Mort à Menton du comte Robert de Montesquiou-Fezensac, écrivain et dandy.
– Au jardin du Luxembourg à Paris, inauguration du monument de Flaubert.
14 – Le prix Goncourt est attribué à l'écrivain martiniquais René Maran pour Batouala. *Le prix Fémina à Raymond Escholier pour* Cantegril.
15 – Visite à Paris de cinquante maires d'Alsace-Lorraine.
18 – A Dunkerque, lancement du paquebot Eubée.
– Mgr Ceretti, nonce apostolique, préside à la basilique de Saint-Denis le quatrième centenaire de la naissance de Du Guesclin.
27 – Béatrix Dussane devient sociétaire de la Comédie Française.
31 – Le Français Poirée gagne la coupe Michelin d'aviation.
– Le syndicat des instituteurs est poursuivi pour avoir enfreint la loi qui interdit aux fonctionnaires de se syndiquer.

Des Immortels à l'Elysée
Le président de la République et Madame Millerand ont offert un déjeuner en l'honneur des nouveaux académiciens, MM. Henry Bordeaux, Chevrillon, Robert de Flers et Bédier, derniers reçus sous la Coupole. MM. Doumic, d'Haussonville, Barthou, de La Gorce et de Régnier assistaient aussi à cette réception.

Une religieuse décorée
En Palestine, dans la cour de l'orphelinat des sœurs de charité de Caïffa, qui abrite 130 enfants, le consul de France a remis la croix de la Légion d'honneur à la supérieure, Mère Elisabeth Rebondin, en présence de la colonie française et des chefs des communautés catholiques. La Mère Elisabeth a été décorée à titre militaire pour sa conduite courageuse pendant la guerre dans un hôpital du front, à Zuydcoote.

Anatole France

Prix Nobel

Anatole France a soixante-dix-sept ans lorsqu'il fait le voyage de Stockholm pour y recevoir, le 10 décembre, le Prix Nobel de Littérature. Académicien depuis 1896, il est alors en train d'écrire son dernier livre, *La vie en fleurs.* Son mariage avec Éloïse Laprévotte ne date que de l'année précédente.

Ce « pilier » du salon de Mme de Cavaillet, ce sceptique érudit et ironique, cet homme si peu dogmatique est par contre un styliste d'une intransigeance et d'une rigueur absolues. Il est d'une générosité de tempérament qui le pousse à être un ardent dreyfusard. Dès le début du siècle, il professe les idées socialistes les plus avancées.

1921 est également l'année où il se fait portraiturer par Van Dongen. Le tableau vaut au peintre aussi bien qu'à l'écrivain de se faire férocement fustiger par Clément Vautel dans sa célèbre chronique *Mon film,* du *Journal* du 13 avril : « Van Dongen est un peintre hollandais qui est venu à Paris pour exploiter l'incomparable filon du snobisme... Ce portrait est quelque chose d'incroyable. En l'apercevant, les lectrices de *Thaïs* s'exclament : « Est-ce possible ? Anatole France a cette tête-là ! Mais c'est un monstre ! En voilà un qui ne porte pas sur son visage le signe de l'intelligence... » Le pauvre homme est devenu gâteux. On le voit, lui le plus aristocratique des habitants de l'avenue du Bois-de-Boulogne, flirter avec la Sociale et envoyer des bouquets non plus à Chloris, mais au Syndicat des terrassiers. »

Le couple, sur une terrasse, au bord de la Méditerranée.

Foules

Sur un air de biniou
En Bretagne, la moindre fête prend des allures tout à la fois mystiques et grandioses. Comme celle qui s'est déroulée les 7 et 8 août à Saint-Guénolé, sur la côte sauvage de Penmar'ch. Escortée par des cavaliers en costume traditionnel, la Reine des Cormorans et ses demoiselles d'honneur ont défilé dans toute la région où la population, comme ici à Kerity, leur a réservé un accueil chaleureux, ainsi qu'il sied à une souveraine.

Fête de l'Alpe féconde
Peu avant la guerre, un Lyonnais, M. Joseph Brunier, léguait au Touring Club un capital dont les arrérages devaient être remis chaque année, sous forme d'un livret de Caisse d'épargne à une femme de guide breveté du Club alpin français, mère d'au moins sept enfants nés dans les Alpes françaises, *à plus de 1 000 mètres d'altitude.* Interrompu par la guerre, l'étrange vœu de M. Brunier peut se réaliser à nouveau dans le cadre grandiose du Lautaret. La lauréate, « la plus haute », Mme Turc habite Saint-Christophe-en-Oisans (Isère) à 1 400 mètres d'altitude ; elle a quatre fils et six filles ; « la plus basse » Mme Culet, demeure à Bonneval-sur-Arc (Savoie), à 1 008 mètres. Elle est mère de deux filles et six garçons, dont deux sont morts pour la France.
Avec cinq autres lauréates, elles recevront un livret de Caisse d'épargne de 3 300 F.

Oraison funèbre
Emouvante cérémonie en présence du sous-secrétaire d'Etat aux Postes et Télégraphe, M. Laffont, pour honorer, à la gare du Nord, la mémoire des six postiers français victimes du déraillement du rapide Amsterdam-Bruxelles, dans la nuit du 6 au 7 juillet. Des bandits auraient cherché à s'emparer des deux millions de francs que transportait le wagon postal.

Braderie à Lille
Grand succès pour la traditionnelle braderie. Depuis la veille, les rues, et principalement, celles du centre, ont été envahies par une nuée de camelots promenant avec eux les marchandises les plus diverses. Et pour être certains de retrouver leur place au matin, ils ont mis la nuit à profit pour délimiter à la craie l'emplacement de leur stand.

Canicule à Paris
La sécheresse est dans les gosiers comme elle est dans la nature. On n'avait pas vu cela à Paris depuis dix ans : il a fait 36° le mardi 12 juillet. Aussi, le 14, comme il faisait aussi chaud, la foule s'est précipitée vers les estaminets dont les patrons se frottent les mains : pour faire face à l'afflux de la clientèle, ceux-ci ont étendu leur terrasse aussi loin que le permettent les devantures aux rideaux baissés.
Il y a ceux qui, au lieu de se rafraîchir la glotte, préfèrent se mettre dans le bain. A Deligny (ci-contre, à droite) au bord de la Seine, les établissements de bain font de telles affaires que la clientèle doit faire la queue pendant plus d'une heure. Les Parisiens de 1921 ne doivent pas trop se plaindre : le 20 juin 1755, il faisait 39° !

Kléber et les gymnastes
Les 6, 7 et 8 août, la Fédération gymnastique et sportive des patronages de France a organisé à Strasbourg un concours international : 18 000 gymnastes sont venus de Belgique, d'Italie, de Suisse, de Hollande, de Yougoslavie et de Tchécoslovaquie. Après avoir exécuté de spectaculaires mouvements d'ensemble, ils ont défilé devant la statue du général Kléber.

La Reine des étudiants
Joyeuses cavalcades à Montmartre le dimanche 13 mars. La Reine des étudiants, Pierrette 1re, est à l'honneur. On remarque, dans l'assistance, l'humoriste Duparuit qui est aussi le maire de la Butte, et le maire de Coincy, petit village dévasté de l'Aisne, adopté par les moulins de Montmartre.

Entre deux sprints, la pause : Léonard se restaure.

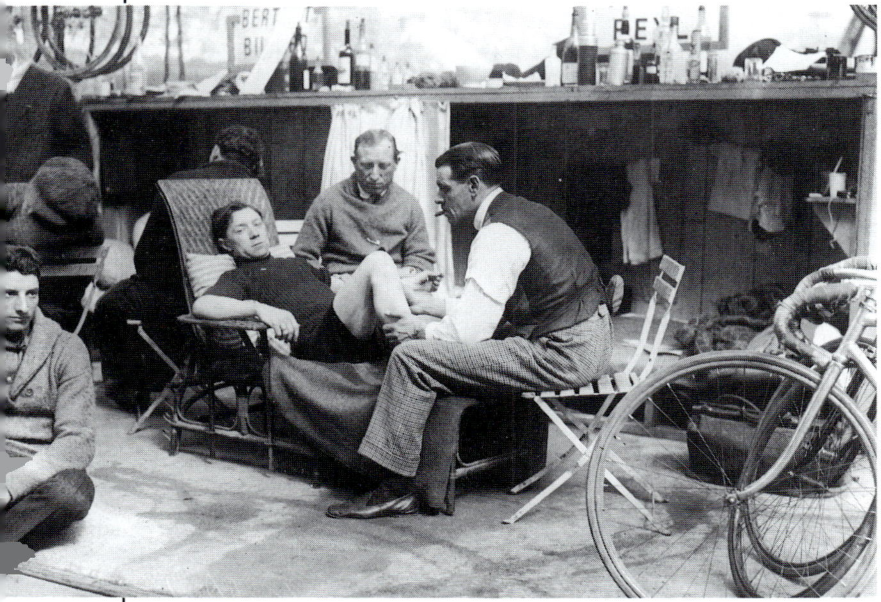

Douleurs dans les muscles et bien-être du massage pour Veillet.

Satisfait, Oscar Egg constate que toute la presse en parle.

Six jours au Vel' d'Hiv'

Cette épreuve de six jours sur piste a été lancée au Madison Square Garden de New York dès 1896. Elle était alors individuelle, mais pour des raisons d'endurance, elle se court par équipes de deux à partir de 1899, devenant ainsi l'équivalent d'une gigantesque « américaine », dans laquelle deux coéquipiers se relayent à volonté.

Les six jours sont agrémentés de sprints à heures régulières. Ces sprints permettent au Suisse Oscar Egg et à son coéquipier Georges Sérès de remporter la victoire en 1921, après un interminable duel avec l'équipe belge Aerts-Spiessens. Egg est recordman du monde de l'heure. Le 22 août 1912, il a battu le record détenu depuis 1907 par Maurice Berthet (41,52 km) en réalisant 42,36 km. Le 7 août 1913, Berthet le reprend avec 42,741 km ; le 21 août, Egg réalise 43,525 km. En septembre 1913, Berthet porte le record à 43,775 km, mais le 18 juin 1914, Egg l'améliore avec 44,247 km. Il faudra attendre vingt-quatre ans pour que soit améliorée la performance de Egg, premier homme à dépasser les 44 kilomètres dans l'heure.

Sans atteindre un tel niveau au Vel'd'Hiv', rue Nélaton, les dix équipes de tête (sur 15 au départ) couvrent 3 735,075 km en 144 heures, soit une moyenne de 25,93 km/h. Le matin, les rares spectateurs voient la vitesse descendre, jusqu'aux environs de 11 km/h, mais l'après-midi et dans la soirée, avec l'affluence et les sprints, l'ambiance devient très excitante.

Les coureurs sont logés sur la pelouse dans des caissons oblongs. C'est là qu'ils ont leur manager, leur soigneur, leur mécanicien et leurs bicyclettes de rechange ; c'est là qu'ils se font masser, mangent, reçoivent leur famille, passent entre les mains du coiffeur.

La presse est telle que l'on doit fermer les portes dès le troisième

jour, laissant dehors plus d'un millier de personnes.
L'atmosphère, à l'intérieur, est épaisse, bruyante, remplie des fumées du tabac, des cris du public invectivant les coureurs, des flonflons de l'orchestre qui joue des airs américains. Ceux qui ont apporté de quoi arroser le succès de « leur » champion tournent au son d'un jazz-band.
Lorsqu'un coureur est forcé d'abandonner, le règlement prévoit que son coéquipier a le droit de continuer s'il réussit à former, sous les huit heures, et à condition de rouler 30 minutes par heure, une nouvelle équipe avec un autre coureur dans le même cas.
Tout un système de primes agrémente la course. Le départ a été donné à 18 heures le lundi 28 mars, et, le 31, elles atteignent déjà 15 993 F. Au total, c'est plus de 25 000 F qui seront distribués à l'issue de la victoire d'Egg et Sérès, le 3 avril.
Le sixième jour, les coureurs demandent un quart d'heure de détente qui leur est refusé : ils descendent alors de vélo et font deux tours à pied en lisant leur journal dans un vacarme assourdissant.

R-33 - R-36 - R-38

La double traversée de l'Atlantique Nord par le R-34 en 1919 avait confirmé l'aptitude des paquebots volants à la navigation au long-cours. Le mercredi 24 août, le R-38 (les 2 documents du bas), que les Américains viennent d'acheter, effectue une série d'essais qui doivent le mener de la base de Howden, dans le Yorkshire, à celle de Pulham, dans le Norfolk. Avec ses 210 mètres de longueur et ses 300 000 pieds cubes de gaz, le R-38 est le plus grand dirigeable du monde. A son bord, un équipage mixte : des Américains, aux ordres du commandant Maxfield venu pour réceptionner l'appareil, et des Anglais, dont le maître après Dieu, le lieutenant de vaisseau Wann.
Le vol commence sans histoire. Le R-38 a suffisamment de carburant pour parcourir 12 000 kilomètres. A 13 h 15, la radio du R-38 annonce : « Nous n'atterrirons pas à Pulham ; les nuages sont trop bas ». A 16 h 30, Wann signale qu'il va procéder à des essais de vitesse : 66 km/h.
A 17 heures, nouveau message radio : « Nous atterrirons à Howden à 18 h 30. » A ce moment, le majestueux cigare s'apprête à survoler la ville de Hull.
Soudain, la foule terrorisée voit le dirigeable se briser en deux. Une flamme jaillit, le R-38 s'embrase. C'est une gigantesque boule de feu qui tombe dans la rivière.
Sans le sang-froid de l'équipage, qui, ayant détecté une anomalie, avait dirigé l'appareil vers la Humber, la catastrophe eût été épouvantable.
Lorsque les sauveteurs arrivent sur les lieux, ils découvrent cinq survivants, dont le lieutenant de vaisseau Wann. Parmi les 44 victimes, l'Air Commodore Maitland, le héros du raid de 1919.
Ce tragique accident est un coup très dur pour les Anglais : sur le plan financier – le R-38 avait coûté 25 millions de francs – et sur le plan du prestige.
Bien que les ingénieurs eussent mis d'ingénieux systèmes – en haut, à Croydon, un mât d'amarrage avec un ascenseur pour les passagers – l'accident refroidit l'enthousiasme des Britanniques et le R-36, dont on voit ci-dessus la cabine de pilotage, ne fut jamais mis en exploitation sur les lignes de l'Empire.

L'Allemagne en ébullition

Exacerbé par la défaite de 1918, aiguillonné par les incessantes conférences qui traitent des réparations et des dommages de guerre, le nationalisme allemand est plus vigoureux que jamais. L'affaire de la haute Silésie en est une manifestation parmi d'autres. Et le désastre d'Oppau n'est pas fait pour ramener la sérénité dans le cœur d'un peuple en butte par surcroît aux graves problèmes internes qui résultent de sa défaite.

Düsseldorf occupée
En exécution des décisions signifiées à la Conférence de Londres, le maréchal Foch a donné l'ordre au général Degoutte, commandant en chef des troupes interalliées sur le Rhin, de faire occuper les villes de Düsseldorf, Duisbourg et Ruhrort. L'opération s'effectue le 8 mars au matin sans incident.
A Düsseldorf, où les troupes françaises ont été amenées par les bateaux de la flotille du Rhin, c'est le général Gaucher, commandant de la 77e division d'infanterie qui prend la direction des effectifs. Sous ses ordres, des soldats français, un régiment belge et deux escadrons anglais.
Pendant que les soldats français, le calot à pointes crânement vissé sur la tête se livrent à des activités prosaïques, mais de première nécessité, leur chef, le général Degoutte passe la revue d'un peloton cycliste sur une place de Düsseldorf. Pour la durée de l'occupation, le général Degoutte a transféré son quartier-général de Mayence à Heuss sur la rive gauche du Rhin, en face de Düsseldorf. En plus des villes, les Alliés vont tenir une bande de terrain parallèle au Rhin et profonde de 12 kilomètres.

Trois images de la présence française à Düsseldorf.

Avènement d'un meneur
Dans la période troublée qui succède à l'armistice, des noms de meneurs politiques apparaissent. L'un d'entre eux, surtout, commence à faire parler de lui. C'est un Autrichien de trente-deux ans, né à Braunau en 1889, où son père était fonctionnaire des douanes. En 1907 et en 1908, il a échoué au concours d'entrée à l'École des Beaux-Arts de Vienne. A la guerre, il s'engage dans l'armée bavaroise au 16e régiment d'infanterie. Il reçoit le baptême du feu le 29 octobre 1914, à Ypres. Gazé le 14 octobre 1918, c'est dans un hôpital de Poméranie qu'il apprend et la défaite et la révolution. Revenu à Munich, devant le *Parti allemand des travailleurs* auquel il adhère, il présente un programme en 25 points.

Le refus du Traité de Versailles, le sort des prisonniers de guerre allemand en France l'obsèdent. Antisémite, antimarxiste, anticapitaliste, Adolf Hitler, car c'est de lui qu'il s'agit déjà, quitte l'armée le 1er avril 1920. En 1921, contre-révolutionnaire professionnel, on le voit dans tous les meetings.

Ci-dessus : à Berlin, sur la Koenigs Platz, la foule se déchaîne dans un meeting de protestation contre l'occupation de la Ruhr.

Ci-contre : des prisonniers de guerre allemands, condamnés de droit commun, participent à l'exploitation des forêts incendiées de l'Estérel **(dessin de Sabattier).**

La question de la haute Silésie En avril 1919, la Conférence de Paris admettait le principe de l'attribution de la haute Silésie à la Pologne. Le 28 juin 1919, le traité de Versailles, dans son article 88, énonçait que l'attribution serait le fait d'un plébiscite. Le 20 mars 1921, celui-ci donnait 707 605 voix aux Allemands et 479 359 seulement aux Polonais. Il faut dire que, pour cette occasion, on avait « déplacé » vers la Silésie 200 000 citoyens allemands. Berlin (ci-contre) pavoise et manifeste pour le rattachement total de la province convoitée à l'Allemagne. En Pologne (ci-dessus et en haut), le 3 mai, les syndicats d'ouvriers décrètent une grève générale. La révolte gronde et 50 000 hommes armés se groupent sous les ordres d'un patriote polonais, Korfanty.

Oppau : 850 morts

L'Allemagne tout entière est sous le choc. Une usine de produits chimiques située à Oppau, sur le Rhin, en zone occupée près de Ludwigshaffen, s'est volatilisée dans une violente explosion le 21 septembre. Un premier bilan fait état de 1 000 morts. Cette saisissante photographie aérienne de l'usine anéantie a été prise par un membre de la Compagnie aérienne française.

L'accident s'est produit à 7 h 31 exactement, au moment où l'équipe de nuit allait être relevée. L'usine, qui fabrique des produits chimiques et des colorants, appartient à la société *Badische Anilin und Soda Fabrik,* et, pendant la guerre, elle avait été l'un des principaux centres de production de gaz asphyxiants. Il semble que la catastrophe ait été provoquée par l'explosion de deux gazomètres en surpression. A leur emplacement, deux entonnoirs de 125 mètres de diamètre et de 30 mètres de profondeur.

Les explosions se sont succédé sans interruption, interdisant aux sauveteurs de venir au secours des premières victimes. Dans un rayon de 5 kilomètres, les dégâts sont spectaculaires. Mannheim, Darmstadt, Francfort, Stuttgart n'ont pas été épargnées.
L'envoyé spécial de l'agence de

presse Havas verra, dans Oppau dévasté, une fillette dont le visage « ne forme plus qu'une bouillie ». Tous les habitants ont le visage violacé : le souffle a fait éclater les vaisseaux sanguins. Soldats français et allemands se dévouent pour les victimes. On dénombrera finalement 850 morts et 2 500 blessés.

Jeux d'eau

Le championnat de France de natation a lieu en août à Strasbourg, où l'on organise pour l'occasion de divertissantes joutes nautiques. Et puis, malgré le fait que seulement 12 % des Français savent nager contre 80 % des Anglais, on fait mentir le proverbe « les Français ont horreur de l'eau » : Choisy, Asnière, Nogent, Le Perreux, maintes localités aux bords de la Seine ou de la Marne reçoivent les baigneurs du dimanche, et l'on crée un « brevet de nageur » récompensant tout écolier qui a parcouru une distance de vingt-cinq mètres, départ plongé.

5 mai 1821 – 17 h 49

Pour les soldats, il était « leur » Empereur. Il exigeait des efforts inouis, sans équivalent dans l'Histoire. Pourtant, comme un seul homme, les soldats marchaient, combattaient, mouraient. Pour eux, la France et « leur » idole, Napoléon, ne faisaient qu'un. Le 5 mai 1821, l'homme qui avait été le plus puissant du monde succombait sous les coups d'un ennemi sournois : la maladie. Cent ans plus tard, la France honore la mémoire de celui qui, selon le mot d'une contemporaine, « rapetissait l'histoire et agrandissait l'imagination ».

Ce portrait, qui représente certainement Napoléon pendant la Campagne de France de 1814, est assez peu connu. Les grognards reconnaissaient « leur » Empereur à la robe blanche du cheval qu'il montait.
Toile de Jean-Louis Meissonier (1815-1891), chantre de la geste napoléonienne.

Sur les marches de l'église du Dôme aux Invalides, le prince Roland Bonaparte (ci-dessous, au centre) vient d'assister à la cérémonie. Dans l'assistance, on a pu remarquer tous les descendants des grands noms de l'Épopée : les Lannes, Ney, Suchet, Murat, Gourgaud, Exelmans...

La Corse a bien entendu fêté le centenaire avec un enthousiasme justifié. Sur la maison natale de l'Empereur, on pouvait lire cet écriteau : « Je fus son berceau avant que le monde devînt son domaine ».

Partout où le souvenir de l'Empereur est demeuré vivant, le centenaire de sa mort a été célébré avec éclat.
Il faut retenir, en particulier, les cérémonies de Pologne, où l'on n'oublie pas que le prince Poniatowski fut l'un des maréchaux de Napoléon.
Et, tandis que Strasbourg commémore, elle aussi, la mémoire du grand homme, à Paris sous l'Arc de Triomphe, des Alsaciens présentent des écussons marqués du nom des grands généraux du Rhin, tous héros de l'Épopée.

Napoléon dicte à Las Cases ce qui sera le plus grand succès de tous les temps : Le Mémorial de Sainte Hélène ***(gravure à l'eau forte et au burin).***

Le 18 juin 1815, vaincue mais toujours glorieuse, la Grande Armée de l'Empereur s'effrite sous les coups portés par ces souverains qui n'avaient jamais accepté la présence parmi eux de « l'Usurpateur ». Et cette fois, pour participer à la curée, l'Angleterre a risqué dans le jeu mortel quelques dizaines de milliers de soldats.
Quelques jours plus tard, Napoléon abdique. Il dicte les lignes suivantes : « ... je m'offre en sacrifice à la haine des ennemis de la France... Je proclame mon fils sous le nom de Napoléon II... »
Le 29 juin, après avoir proposé, en vain, de reprendre le commandement des troupes comme simple général, pour chasser de France les coalisés, Napoléon, peu avant 17 h, prend la route de l'exil. Il compte se rendre en Amérique à bord de la frégate française *La Saale,* mouillée à Rochefort. Le 10 juillet, une escadre anglaise empêchant le navire d'appareiller, l'amiral anglais Maitland invite l'Empereur à monter à bord de son bâtiment, le *Bellorophon* qui fait route vers Plymouth.
Là, l'Empereur demande asile au prince-régent d'Angleterre qui ne répond pas. Le 7 août, Napoléon est transféré à bord du *Northumberland.* Le 17 août, pour la dernière fois, l'Empereur aperçoit les côtes de France. Et trois mois plus tard,

le 18 octobre, l'amiral Cockburn, commandant le *Northumberland* déposait l'illustre vaincu sur l'île prison qu'il ne devait plus quitter. Sur le rocher, Napoléon est seul avec quelques compagnons d'exil : Las Cases, le mémorialiste, qui ayant engrangé les souvenirs du grand homme, repartira bien vite pour la France, emportant son précieux manuscrit ; le général Gourgaud qui fera de même en 1818, pour des raisons plus honorables ; le général Bertrand ; Albine et Tristan de Montholon ; Marchand, le valet de chambre dévoué. Pendant plus de cinq années, épié par un geôlier mesquin, Hudson Lowe, l'Empereur va se désintégrer d'ennui. Il tiendra cependant la promesse faite à ses soldats dans la cour du château de Fontainebleau : écrire les grandes choses qu'ensemble ils avaient faites. Ses dernières forces, l'Empereur les utilisera pour rédiger ce testament dont le dernier codicille sera exaucé dix-neuf ans plus tard.

Aux temps heureux, Napoléon dans le parc du château de Saint-Cloud, entouré de ses neveux. **(Peinture de Louis Ducis (1773-1847), élève de David au Musée de Versailles).**

Promenade, solitude et méditation ***(gravure de l'époque).***

Aux temps de la gloire, en 1806 après Iéna et Auerstedt : entouré de ses maréchaux, l'Empereur reçoit à Berlin les députés du Sénat conservateur. En une campagne éclair – moins d'un mois – Napoléon a mis à genoux la faraude armée prussienne.
Peinture de Berthon.

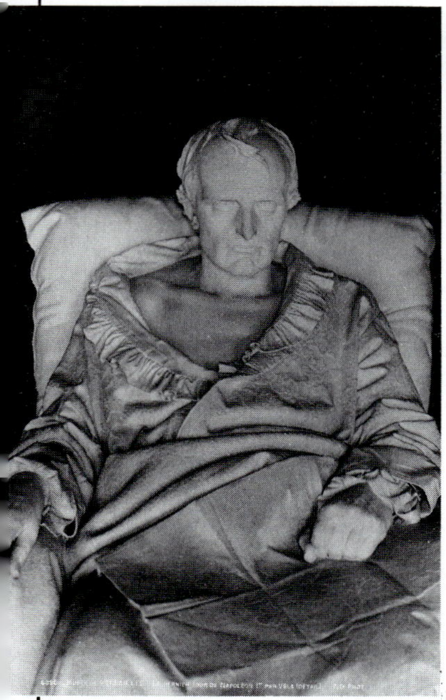

Le Dernier jour de Napoléon, *par Vela* ***(détail)*** *est au musée de Versailles.*

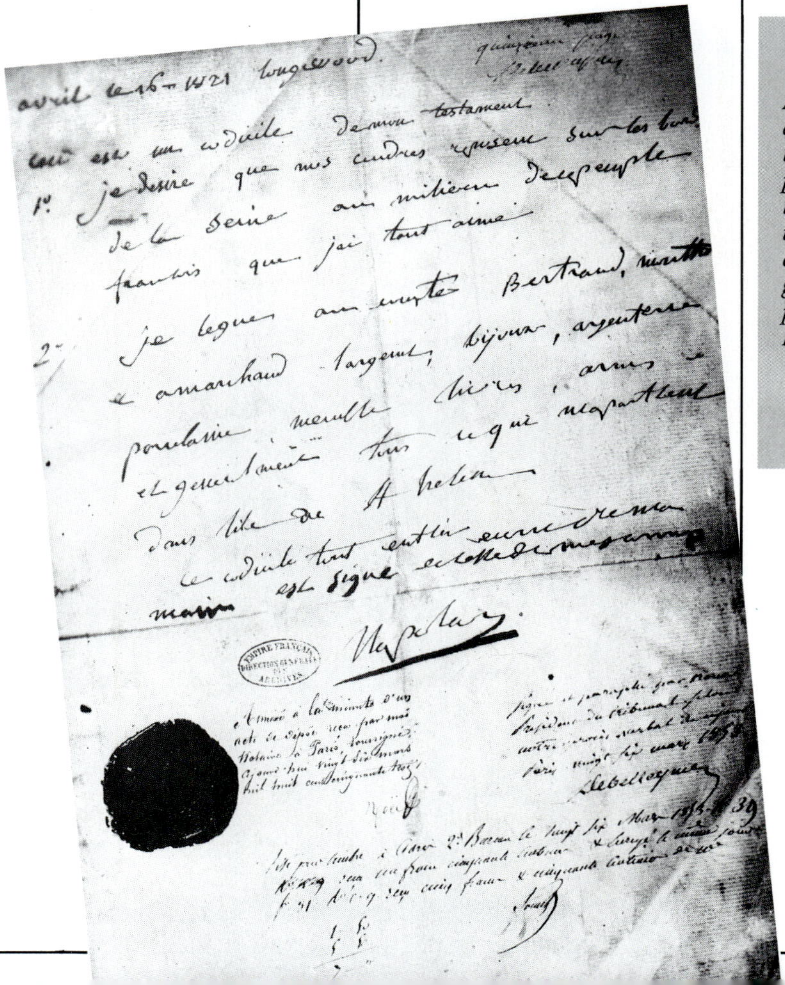

avril le 16 – 1821 Longwood.
ceci est un codicile de mon testament
1° je désire que mes cendres reposent sur les bords de la Seine au milieu de ce peuple français que j'ai tant aimé
2° je lègue aux comtes Bertrand, Montholon et Marchand l'argent, bijoux, argenterie, porcelaine, meubles, livres, armes et généralement tout ce qui m'appartient dans l'île de Ste Hélène
ce codicile tout entier écrit de ma main est signé et scellé de mes armes
Napoléon

Codicille du testament de Longwood, daté du 16 avril 1821. En premier, la phrase gravée sur le tombeau des Invalides : « Je désire que mes cendres reposent sur les bords de la Seine au milieu de ce peuple français que j'ai tant aimé. »

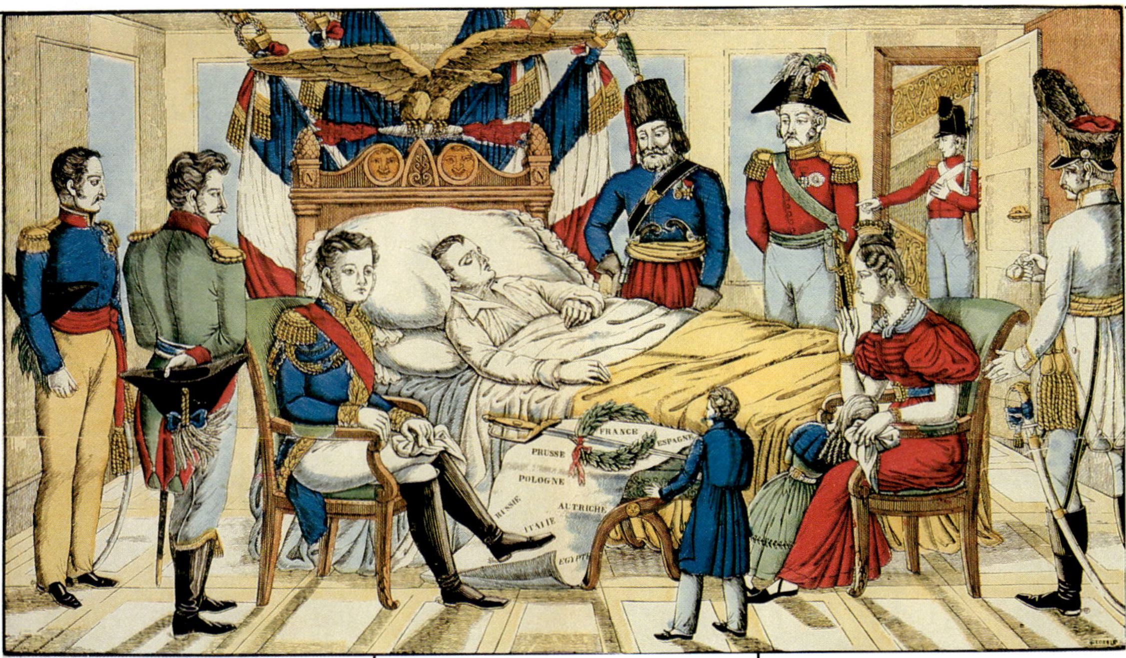

La mort de l'Empereur
Le 5 mai 1821, à 17 h 49, l'Empereur rend le dernier soupir. Il est revêtu de son uniforme préféré, celui de colonel des chasseurs à cheval de la Garde ; le manteau bleu brodé d'argent, qu'il portait à Marengo, lui tient lieu de linceul mortuaire.

La mort de Napoléon-le-Grand *est une image de la fabrique de Pellerin, imprimeur libraire à Epinal.* Le convoi funèbre de Napoléon à Sainte-Hélène *est une image de la fabrique de Dembour, graveur et lithographe à Metz, successeur de La Cour de Nancy.*

Le réveil de Napoléon
La gloire de l'Empereur est inséparable de celle de ses soldats. Ce monument a été commandé à Rude par l'un d'eux, Claude Noisot, ex-capitaine de la Garde Impériale. Quand il rejoignit « son » Empereur en 1861, Noisot fut enterré à Fixin, face au monument, et comme il l'avait demandé : « Debout et le sabre au poing ».

Le Tombeau, *d'après le dessin d'Henri Durand Brager, exécuté sur les lieux en 1840.*

Entrée des artistes

A l'affiche, et sur les affiches des spectacles de l'année 1921, des vedettes confirmées comme Mistinguett ou Rudolf Valentino, mais aussi des débutants, comme Marguerite Valmont. Quant au cinéma, il s'enrichit de trois grands films nouveaux : *L'Atlantide* de Jacques Feyder, *La Roue,* d'Abel Gance et *Eldorado,* de Marcel L'Herbier.

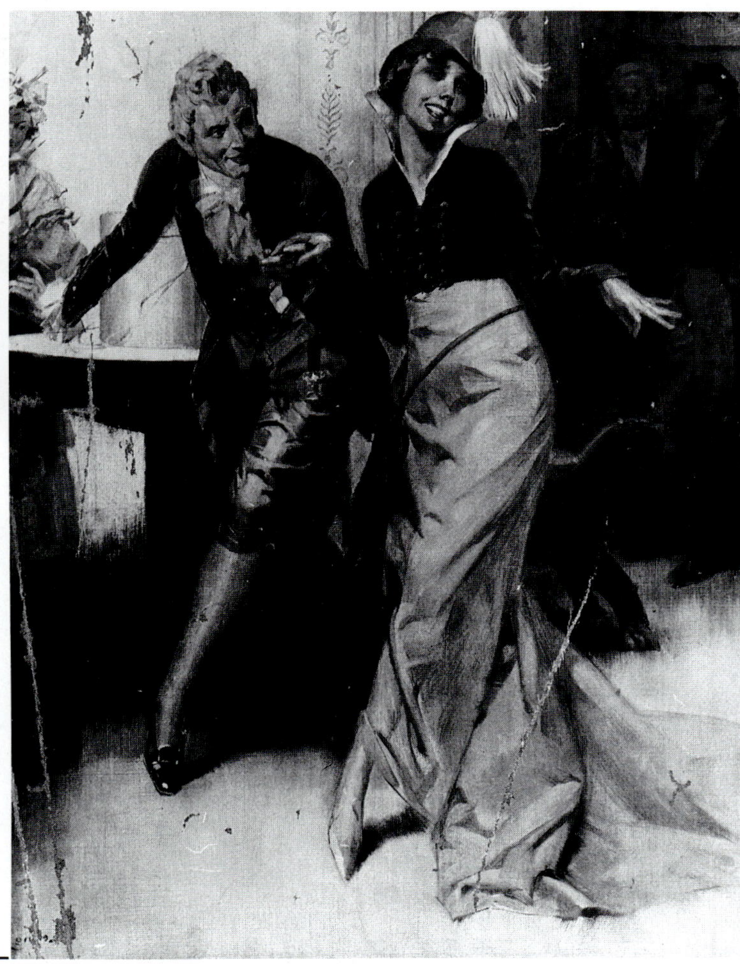

Dédé
1921 est une bonne année pour l'opérette : le 24 janvier, on fête la millième de *Phi-Phi* de Christiné et Willemetz. Le 10 novembre 1921, les deux compères renouent avec le succès. Maurice Chevalier chante *Dédé.* La musique est de Christiné, les paroles d'Albert Willemetz. La morale de cette opérette en trois actes est optimiste et légère. Le public connaît par cœur la ritournelle : « Dans la vie, faut pas s'en faire, moi je n'm'en fais pas. »

Miss Sans-Gêne
Pendant que l'opéra (en haut) reste le haut lieu de la chorégraphie classique, Mistinguett prend des leçons de danse : elle joue, dans la pièce de Sardou, le rôle de la maréchale Lefèbvre, dite Madame Sans-Gêne, sur la scène du théâtre de la Porte-Saint-Martin. Les critiques l'ont observée avec attention. Ils prédisent à la Miss que son nom restera attaché à celui de la pittoresque épouse du maréchal. Et Mistinguett fait montre de tant de talent qu'elle laisse presque dans l'ombre ce géant qu'est Napoléon, pourtant excellemment interprété par M. Pierre Magnier.

Le Français chez Hamlet
Grand succès pour les comédiens français qui viennent de donner une série de représentations au grand théâtre de Copenhague. Les acteurs n'ont pas résisté à la tentation de se rendre à Elseneur où Shakespeare situe l'action d'*Hamlet.* Et, bien entendu, c'est sur la terrasse du château, là où le fantôme du vieux roi apparaît à son fils et lui apprend qu'il a été assassiné, que les comédiens ont tenu à se faire photographier.

Au premier, rang de gauche à droite : Mlle Huguette Duflos, Mlle Ventura, M. Émile Fabre (administrateur), Mlle Bretty, Mme Émile Fabre, le comte Brockenhuy-Schack, intendant du théâtre royal de Copenhague, M. Roger Monteaux ; de profil : M. Fresnay. Au fond, à droite de la guérite, en chapeau mou, M. Berteaux.

Max Linder dompteur
Tête-à-tête inhabituel pour celui qui est la première vraie grande star de l'écran. Gabriel Maximilien Lieuvelle (c'est son nom) a connu – et connaît encore – une gloire phénoménale. Cette année, il tourne aux Etats-Unis *Be my wife.*

Ba-ta-clan
A la Une de l'hebdomadaire *Le Rire* du 8 janvier, le célèbre café-concert parisien construit en 1865 par Charles Duval. Après des avatars successifs, il est en 1921, le temple de la revue à grand spectacle pas trop habillée.

12 Pages 12 Pages

Le Petit Journal illustré

HEBDOMADAIRE
61, rue Lafayette, Paris

PRIX : 0 fr. 30
8 Mai 1921

Pearl White en Avion

La célèbre artiste de cinéma, Pearl White, venant d'Angleterre en France, emprunte le mode de locomotion le plus rapide... et le plus agréable. Elle prend passage à bord d'un avion, à la gare aérienne de Criklewood.

Pearl White, aviatrice
Vedettariat oblige. Pour venir d'Angleterre en France, la célèbre actrice de cinéma américain emprunte le mode de locomotion le plus nouveau : l'avion. En tenue d'aviateur, elle incarne parfaitement la jeune fille américaine, sportive, courageuse, franche et sentimentale.
Le contraire du rigide Erich Oswald Stroheim, dit Erich von Stroheim. Détail insolite : celui qui incarnera si bien le soldat de tradition a déserté après six mois de service militaire ! Cela ne l'empêche pas de s'attribuer une noblesse et un passé d'officier imaginaires, mais tout à fait crédibles.

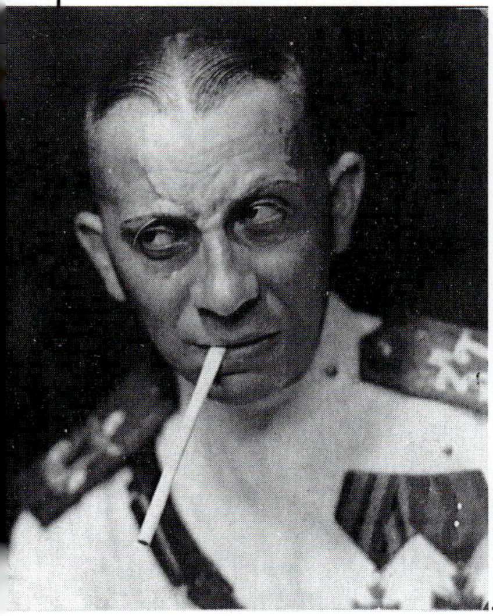

Marcel L'Herbier
C'est par des voies bien détournées que ce fils de conseiller du Commerce extérieur arrive au cinéma. En effet, après des études de droit et de lettres, Marcel L'Herbier (ci-dessus) suit les cours de l'École des Hautes Études sociales, travaille l'harmonie et le contrepoint, balance entre la mélodie et la diplomatie. Le cinéma, il le découvre en 1917, en pleine guerre, au service cinématographique de l'armée. Son choix est fait : il sera cinéaste. Et il a raison, puisque l'année 1921 le voit réaliser son chef-d'œuvre, *Eldorado.*

Au théâtre Daunou
Les comédiens ne se contentent pas de monter sur les planches, ils fondent leur propre théâtre. Ainsi Jane Renouardt qui ouvre cette année le théâtre Daunou.

Dans la gare de Nice, l'équipe s'affaire à la préparation d'une scène de La Roue *qui sera jouée sur le ballast à côté de la locomotive.*

La Roue de la fortune
Précurseur de l'art cinématographique, Abel Gance vient de terminer, au mois de février, le tournage d'une œuvre de longue haleine : *La Roue.* Le film a exigé seize mois de tournage et il a coûté plus de deux millions de francs, dont une bonne partie en pellicule : 150 000 mètres. Le cinéaste travaille en ce moment à l'assemblage des plans. Et ce n'est pas une mince affaire, car les 1 750 plans que compte le film ne représenteront plus que 3 000 mètres pour le spectateur.

Un beau ténébreux
Année triomphale pour Rodolfo Alphonso Raffaelle Pierre Philibert Guglielmi, dit Rudolf Valentino. L'idole des femmes du monde entier, né d'un père italien et d'une mère française, est arrivé aux Etats-Unis en 1913. Après des débuts difficiles il triomphe dans *Les quatre cavaliers de l'Apocalypse. Le Cheikh,* que le beau Rudolf vient de terminer, est attendu en France.

Super Max
Le célèbre Max Dearly qui fit les beaux jours des Variétés avant 1914, joue *La vérité toute nue* au Vaudeville. Il a succédé en 1919 à Maurice Chevalier dans *Parikiri.*

Marguerite Valmond
Elle est l'une des étoiles qui pointent et tient le rôle de Nelly dans le *Pêcheur d'ombres* qui se donne au théâtre de L'Œuvre.

Jacques Feyder (1885-1948) sera tout au long de sa carrière le porte-parole d'une tradition française faite d'amour du concret.

L'Atlantide

Scupturale et mystérieuse, voici Antinéa telle que la voit le cinéaste Jacques Feyder qui vient de porter à l'écran le roman de Pierre Benoit. Après un voyage d'études effectué à la fin de 1919, Jacques Feyder était arrivé en Algérie le 20 février 1920 avec une vingtaine de techniciens et autant d'acteurs. Le tournage dura huit mois. Dans le rôle d'Antinéa, une danseuse : Napierkowska, célèbre pour son rôle d'Esmeralda dans *Notre-Dame de Paris* en 1911, et dans ceux des deux officiers, Jean Angelo (Morhange) et Georges Melchior (Saint-Avit). Le film est présenté le 4 juin 1921 au Gaumont Palace, puis au Madeleine Cinéma où il allait tenir l'affiche pendant 52 semaines. Malgré son succès *L'Atlantide* est tenu en mépris par quelques intellectuels et critiques dont Louis Delluc qui écrit dans Cinéa : « Il y a un grand acteur dans *L'Atlantide*, c'est le sable ».

Les Deux Orphelines

Une scène mélodramatique à souhait de ce film, fameux par sa capacité à faire pleurer les âmes sensibles. Personne ne résiste aux larmes des deux orphelines, Lilian et Dorothy Gish, dirigées par David Wark Griffith.

Antoine à l'écran

André Antoine, celui du Théâtre Libre, que l'on voit ici sur cette peinture de Georges Saverne jouer *La fille Élisa,* ne dédaigne pas le cinéma. En 1921, il tourne *Mlle de la Siglière* avec Huguette Duflos, Maurice Escande et Saturnin Fabre.

Légère et court vêtue

Tenue légère pour la jeune femme sur cette affiche publicitaire de L'Apollo. Installé 20 rue de Clichy depuis son ouverture en 1907 et devenu le 28 avril 1909 le théâtre Apollo, l'établissement a vu le lancement à Paris de l'opérette viennoise la plus célèbre : *La Veuve Joyeuse.*

Régine Flory
Voici, croquée pour *Fantasio* par le dessinateur Vallée, Mlle Régine Flory dans le rôle de *La Folie,* à la revue de la Cigale. Le personnage ventripotent, c'est Vilbert en Monsieur Prudhomme.

La Passante
Au théâtre de Paris, ouverture de la saison théâtrale de l'hiver 1921-1922 avec une pièce en trois actes d'Henry Kistemaeckers. Le public applaudit l'auteur et les interprètes parmi lesquels Mlle Véra Sergine et Renée Ludger, et M. Pierre Renoir.

Inventaire
Des costumes de Picasso pour la représentation de *Parade,* du compositeur honfleurais, mais d'ascendance écossaise, Erick Satie. Pour semblable occasion, *La Gazette du Bon Ton* a fait appel à un illustrateur renommé, A.-E. Marty.

Carl Dreyer
Cinéaste danois, son œuvre reflète sa haine de l'intolérance.

Caproni :

la fin d'un rêve

Cette fois, l'ingénieur italien Caproni a fait les choses en grand. Toute la presse italienne ne parle que de son dernier né, le plus grand aéroplane qui ait jamais été construit. Il s'agit d'un hydravion étudié pour le transport de cent passagers. Ses dimensions, comme la puissance totale de ses huit moteurs sont un défi à l'imagination – et à la pesanteur. L'appareil, qui pèse à vide 14 000 kilos, repose sur un flotteur central long de 24 mètres ; il peut emporter une charge utile de 10 000 kilos grâce à ses huit moteurs *Liberty* de 400 cv assurant à l'hydravion une vitesse moyenne de 140 km/h. La surface portante – 715 mètres carrés – est formée par trois groupes de trois plans rectangulaires superposés et placés à la suite des uns des autres. Grâce à cette disposition inhabituelle, les empennages traditionnels ont été supprimés.
Les premiers essais se sont déroulés le 13 février sur le lac Majeur avec un lest représentant le poids de cent passagers : on les qualifie de « positifs ». L'avenir, hélas, n'a pas tardé à démentir les espoirs mis dans ce géant de l'air : le 21 mai, *L'Illustration* publiait une nouvelle photographie montrant l'extravagant appareil, disloqué sur les eaux du même lac Majeur. La presse italienne n'en parla pas et, preuve que l'hydravion Caproni était né sous une mauvaise étoile, il fut détruit par un incendie dans le chantier du Sesto Calende où l'on avait transporté ses restes.

Caproni, pendant la guerre, construisit d'excellents bombardiers qui permirent à d'Annunzio de lâcher des milliers de tracts sur Vienne le 9 août 1918. A droite, une émanation civile de ces appareils.

Les airs du temps

Danses américaines contre chansons françaises : un match amical où chacun se porte bien. Côté jazz, une nouveauté chasse l'autre : après le fox-trot, tellement en vogue pendant les années de guerre – avec sa variante lente, le slow, et sa version plus vive, le quick-step – voici le shimmy, un fox au rythme plus scandé : on ne plie pas les genoux, ce qui donne aux danseurs un mouvement vertical fortement cadencé, qui marque les temps. Mais, dans les bals populaires, où malgré jupes et cheveux courts, le tango semble osé et le charleston frénétique, la java et la valse gardent la préférence des guincheurs en casquette ou en canotier.

Un parfum d'exotisme bien parisien avec une valse hawaïenne dansée par Mlle Fabris, *L'étrange valse*, le clou de la dernière revue du Casino de Paris, signée par Jacques Charles et par Albert Willemetz, le parolier à succès.

Les bals du 14 juillet, improvisés dans tous les quartiers de la capitale, servent de banc d'essai populaire aux rythmes américains.

Auteur de très nombreuses opérettes – dont *Les travaux d'Hercule, Mr de La Palisse, Pantagruel, Cartouche*... — le compositeur humoriste Claude Terrasse a écrit aussi la musique de scène d'*Ubu Roi* et composé pour Franc-Nohain et Tristan Bernard, sans compter des préludes, deux messes, des motets et un ballet.

La chanson comique fait toujours les beaux soirs des music-halls : Georgius, l'homme au smoking blanc et aux refrains grivois, s'est mis au goût du jour avec un simple changement de rythme.

Un programme patriotique aux couleurs alliées pour l'Alhambra, le grand music-hall concurrent du Casino de Paris.

12 Pages — Le Petit Journal — 12 Pages

HEBDOMADAIRE 61, rue Lafayette, Paris — illustré — PRIX : 0 fr. 30 17 Juillet 1921

Le Bal dans la Rue

A tous les carrefours, autour des estrades où se groupent des musiciens intrépides, les danseurs tournoient. En ce soir de Fête Nationale, tango et fox-trott simplifiés, assainis par la robustesse et la bonne humeur des Parisiens, reçoivent leur grande naturalisation

A 29 ans, le compositeur Maurice Yvain, déjà auteur de *« Mon homme »*, crée un second refrain populaire pour Mistinguett avec : *« Moi, j'en ai marre ».* Paroles de Willemetz et Arnould.

Né à Marseille en 1874, Vincent Scotto triomphait dès 21 ans avec *« La petite Tonkinoise ».* Depuis il n'a pas arrêté de composer et presque tous ses airs sont célèbres. Voici sa dernière chanson, *« Les baisers ».*

Gabaroche et Pearly créent aussi leur « tube », *« Je ne peux pas vivre sans amour »,* que tous les Français fredonnent avec Chevalier.

Encore Maurice Yvain pour la musique, encore Willemetz et Jacques Charles pour les paroles, un seul baiser dans le titre et, déjà, encore un succès.

1. La cuisine.

LES BARRES

2. Le lever.

AUX QUATRE COINS

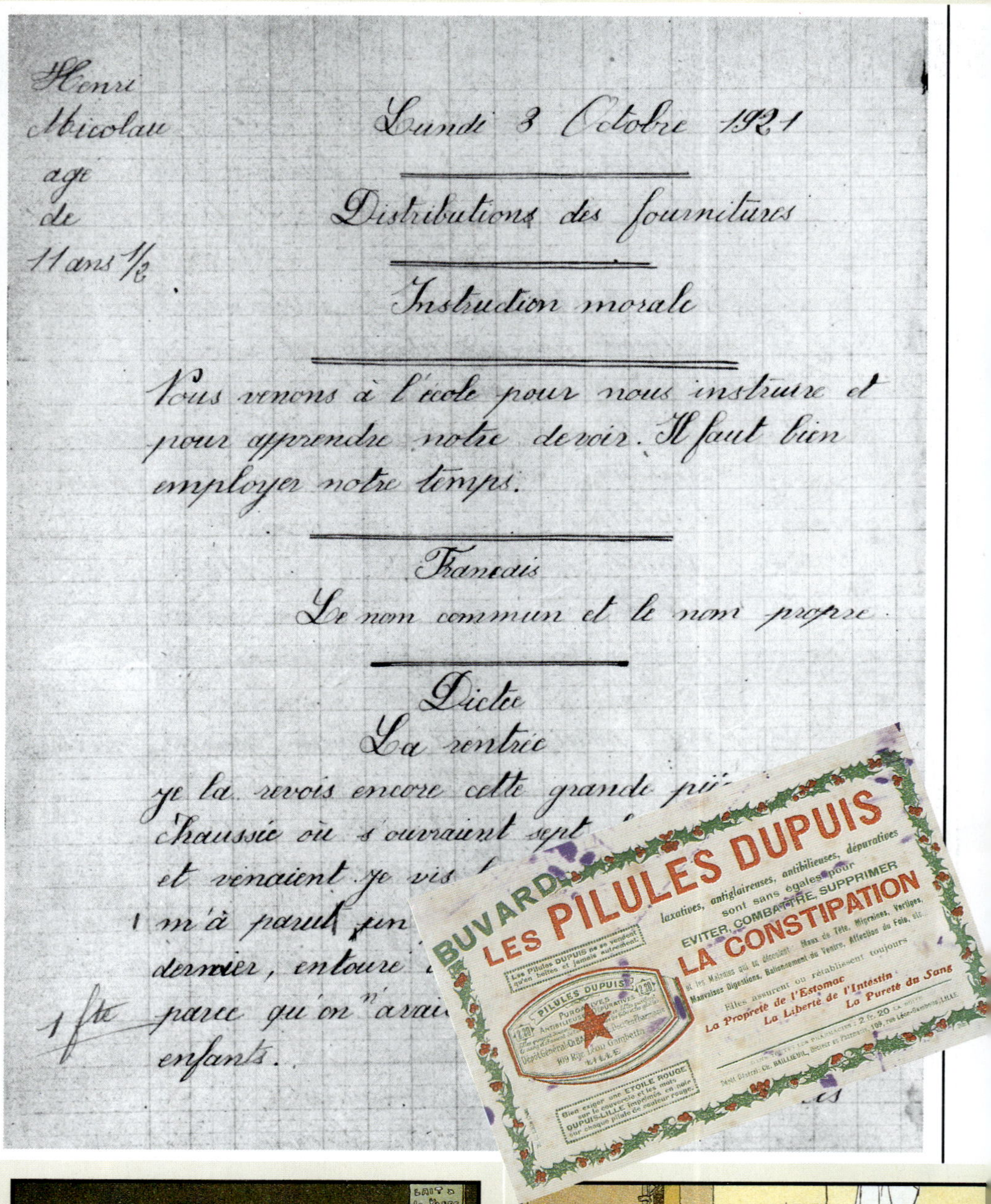

Henri
Micolau
âgé
de
11 ans 1/2

Lundi 3 Octobre 1921

Distributions des fournitures

Instruction morale

Nous venons à l'école pour nous instruire et pour apprendre notre devoir. Il faut bien employer notre temps.

Français

Le nom commun et le nom propre

Dictée

La rentrée

Je la revois encore cette grande pi…
Chaussée où s'ouvraient sept …
et venaient. Je vis …
m'a paru …
dernier, entouré …
1 fte parce qu'on n'avai…
enfants.

3. La soirée en famille.

A CHAT

6. Le repassage.

LES QUILLES

5. La lessive.

BALLE AU MUR

4. Le bain.

LE CHEVAL FONDU

La morale en couleurs

Comme le montrent ces images édifiantes, pendant laïc des images pieuses distribuées à l'école libre, la morale est à la Une de la pédagogie dans les écoles publiques.
Morale civique, morale pratique et morale tout court, l'après-guerre est encore tout imprégné de foi dans les valeurs sacrées : la famille, le travail, la patrie.
Détenteur de cette morale, l'instituteur la véhicule au moyen de ces images colorées qui viennent égayer son cours.

C'est au début de la journée de classe que se situe la leçon de morale. En dessous de la date, les élèves écrivent sur leur cahier un court texte, destiné à les faire méditer sur leurs devoirs d'enfants et leur avenir d'hommes : « Je serai un élève modèle », « je me rendrai utile à la maison », « plus fait douceur que violence »...
L'hygiène corporelle et le sport font partie des habitudes de vie qui formeront l'homme sain et complet de demain. Par le canal de ces images, elles s'imprimeront mieux dans la tête des enfants que par les longs discours de leur maître.
Vision sans doute un peu stéréotypée des joies et devoirs du foyer, certes, mais cette éducation « totale » à laquelle se consacrent les instituteurs de l'après-guerre ne diffère guère, sur le fonds, de celle à laquelle aspire l'école d'aujourd'hui. Et puis, les enfants de 1921 n'ont-ils pas besoin de ces images paisibles et rassurantes d'un monde qui se ressaisit et tente une nouvelle fois de croire que la paix domestique et nationale sera éternelle ?
Ces images colorées constituent un enrichissement certain du matériel pédagogique, et se rattachent à tout un ensemble prestigieux aux yeux des enfants : livres de prix, buvards illustrés, vignettes publicitaires. Georges Raffin a signé pour les enfants *La Vie à la Maison*, et Robert Sallès *Le Sport et les Jeux*, extraits de l'album *A quoi jouons-nous ?*
L'alphabétisation en Afrique faisait un grand usage de ces supports pédagogiques coloriés. « *Nos ancêtres les Gaulois...* »

Le soir, le paresseux bâille et dort.

Il dort encore profondément à sept heures du matin.

Aussi, en classe, il est puni.

LA MARELLE

6. La sortie de l'école.

AU CHAT & A LA SOURIS

LE VOLANT

8. Le goûter.

FOOTBALL ASSOCIATION

Jeux d'école
La vie des enfants, à la ville comme à la campagne, se déroule sur un rythme et selon des rites très réguliers. Parmi les grands rites annuels figurent la tant attendue ou tant redoutée distribution des prix, mais aussi la fête de l'école où est souvent convié Guignol, et au cours de laquelle on organise des jeux, devinettes, concours, courses en sac, quilles, passe-boule... C'est aussi, pour la maîtresse, l'occasion de distribuer des douceurs : cochons de caramel, pâtes d'amande ou de guimauve aussi collantes que succulentes.

PATINAGE A ROULETTES

9. Le travail à la maison.

PATINAGE A GLACE

La récré
Mais la fête au quotidien, c'est la « récré ». C'est là que se nouent et se dénouent les grandes amitiés. Dans la cour des petites comme dans celle des grandes, jusqu'à quinze ans ce sont des rondes et des jeux endiablés, accompagnés de comptines comme celle-ci, qui se chante encore dans l'atmosphère de l'après-guerre :

As-tu vu Bismarck
A la porte de Charenton
Qui battait sa femme
A grands coups de bâton ? »

ou celle, d'une veine encore plus massacrante, de Bibi Lolo de Saint-Malo.
Pour savoir qui « trimera », on se met en cercle, et l'invention enfantine va bon train tandis que le leader désigne les participants les uns après les autres :

« *Assa un, assa deux, assa trois,*
assa quatre, assa cinq ! »
ou encore :
« *Une bague en or*
Tu sors
Une bague en acier
Tu y es ! »
ou, plus agressif :
« *1, 2, 3*
L'imbécile, c'est toi ! »

Le maître

Le maître de 1921 est encore un maître total. Il jouit d'un pouvoir quasi-absolu. Morale, arithmétique, lettres, sport, vie pratique, leçons de choses, aucun domaine n'échappe à ses compétences, comme en témoignent ces travaux de jardinage scolaire dans un village du Nord.
L'« éveil », en 1921, comporte aussi pour les filles des travaux d'aiguille, coupe, assemblage. Et pour les garçons le travail du bois et du fer. Les écoles pratiques et professionnelles commencent à se développer. Elles sont organisées par un décret dans le courant de l'année.

Sport scolaire à Paris

La ville de Paris s'est lancée avant la guerre dans une initiative louable, qui se poursuivra jusqu'à aujourd'hui : développer la pratique du sport parmi la population scolaire.
En 1921, un centre par arrondissement sélectionne 120 enfants de douze à quinze ans, qui sont préalablement soumis à une visite médicale. Nous voyons ici Monsieur Chéron en train de haranguer les petits athlètes du Xe arrondissement, auxquels il rend visite le 18 février en compagnie du Conseiller municipal, Monsieur Jean de Castellane.

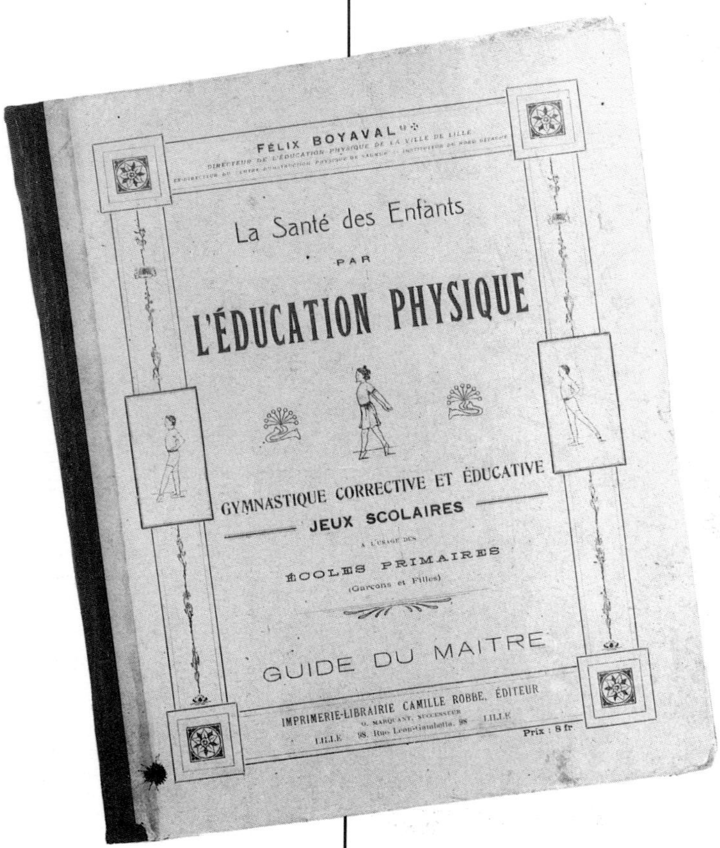

L'école en quelques chiffres
A l'école maternelle en 1921 : 247 000 inscrits.
A l'école primaire : (privée et publique) 4 452 000.
Enseignants de l'école publique : 122 000 instituteurs et institutrices.
Degré d'instruction des jeunes gens de la classe 18 maintenus sur les tableaux de recensement. Illettrés : 5,3 p. cent. Sachant lire et écrire : 36 p. cent. Niveau primaire : 53 p. cent. Brevet de l'enseignement primaire : 3,50 p. cent. Bacheliers : 2,20 p. cent.
Crédits votés par le ministère de l'Instruction Publique et des Beaux-Arts pour 1921 : 1 501 302 F.

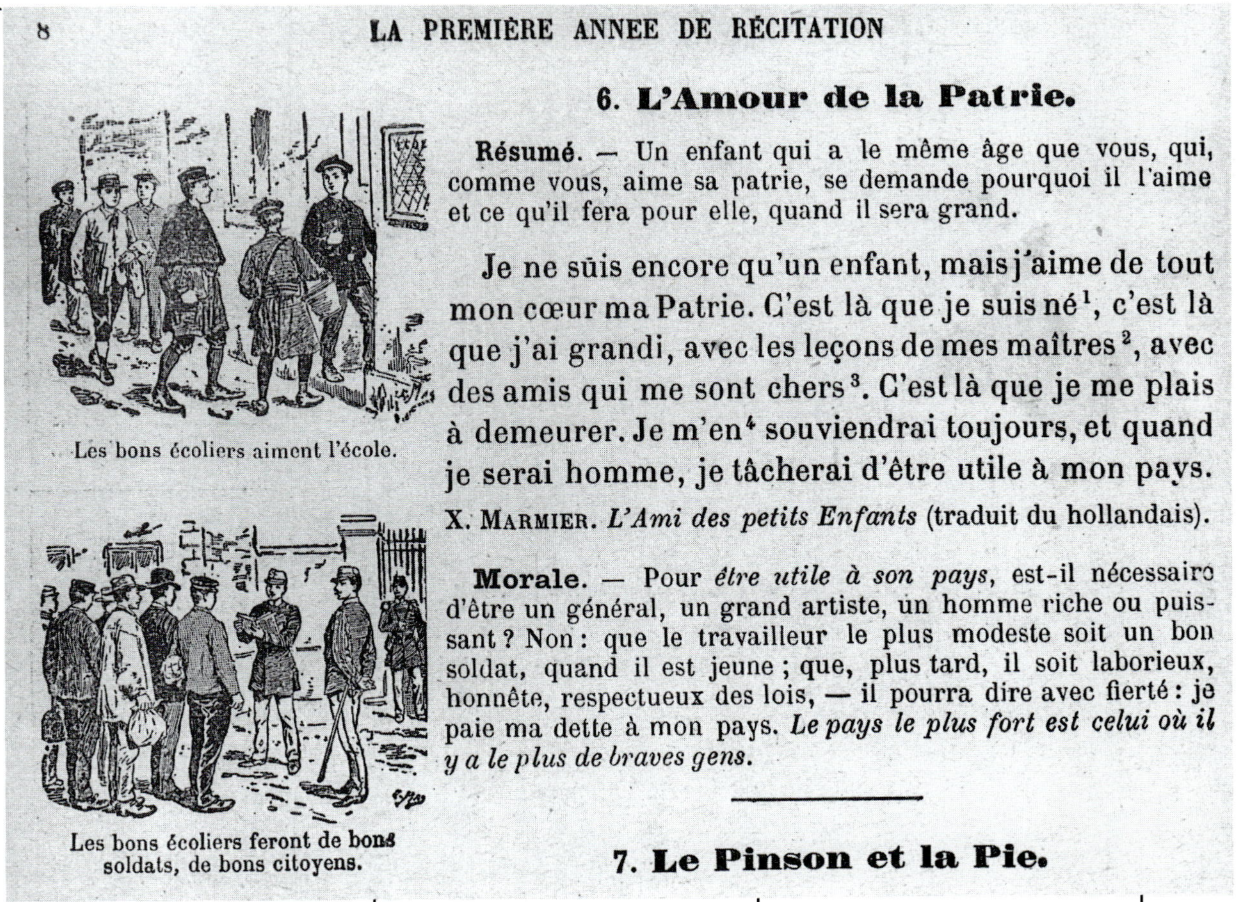
8 LA PREMIÈRE ANNEE DE RÉCITATION

6. L'Amour de la Patrie.

Résumé. — Un enfant qui a le même âge que vous, qui, comme vous, aime sa patrie, se demande pourquoi il l'aime et ce qu'il fera pour elle, quand il sera grand.

Je ne suis encore qu'un enfant, mais j'aime de tout mon cœur ma Patrie. C'est là que je suis né[1], c'est là que j'ai grandi, avec les leçons de mes maîtres[2], avec des amis qui me sont chers[3]. C'est là que je me plais à demeurer. Je m'en[4] souviendrai toujours, et quand je serai homme, je tâcherai d'être utile à mon pays.

X. MARMIER. *L'Ami des petits Enfants* (traduit du hollandais).

Les bons écoliers aiment l'école.

Morale. — Pour *être utile à son pays*, est-il nécessaire d'être un général, un grand artiste, un homme riche ou puissant ? Non : que le travailleur le plus modeste soit un bon soldat, quand il est jeune ; que, plus tard, il soit laborieux, honnête, respectueux des lois, — il pourra dire avec fierté : je paie ma dette à mon pays. *Le pays le plus fort est celui où il y a le plus de braves gens.*

Les bons écoliers feront de bons soldats, de bons citoyens.

7. Le Pinson et la Pie.

855

Camille MÉLINAND
Professeur aux Écoles Normales de Sèvres et de St-Cloud

SOIS JUSTE

Premiers Eléments de Morale

Conformes aux programmes 1920
du Brevet élémentaire et des Écoles
primaires supérieures

PARIS
Librairie DELALAIN
115, BOULEVARD SAINT-GERMAIN, 115

Les gros

Les hommes « forts » ont spontanément tendance à s'assembler en véritables clubs, ainsi qu'en témoigne l'enseigne savoureuse de ce café. Mais, pour des raisons qu'il est inutile de préciser, l'obésité se prête aussi à toute une variété de spectacles. Ainsi cette manifestation « sportive » à laquelle une nombreuse assistance a la chance d'assister, au stade Bergeyre, le 28 mai 1921, où l'on célèbre, pour la première fois depuis que la guerre l'avait interrompue, la fête annuelle des Caf' Conc'. Mistinguett y donne le départ d'une course de dames, et Charlie Chaplin s'y trouve aux côtés de Fatty. Ce dernier, de son vrai nom Roscoe Arbuckle, est alors l'égal de Charlot, avec lequel il a tourné. Il est également le découvreur de Buster Keaton, qui le considéra toute sa vie comme son maître. Sa jovialité, sa malice, ses pirouettes d'une légèreté... étonnante en font un roi du muet. Il dirige ses propres films et fonde en 1917 avec Joe Schenk la *Comic Film Corporation.*

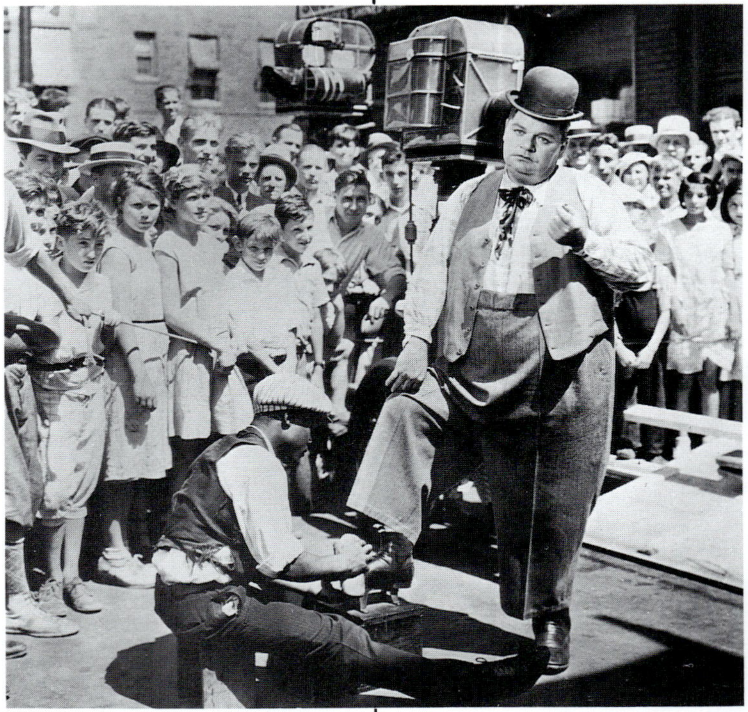

Une triste fin

Quand il tourne, le service d'ordre a du mal à contenir ses jeunes admirateurs. Mais, en juillet 1921, une jeune actrice, Virginia Rape, meurt d'une péritonite lors d'une « party » organisée par Fatty dans un grand hôtel de San Francisco. Le malheureux artiste se voit accusé de viol et de meurtre, et malgré son acquittement par trois jurys successifs, il ne remontera jamais la pente et finira dans l'oubli le plus total.

Le stade Bergeyre (en haut) a été baptisé du nom d'un footballeur de l'Olympique, mort au champ d'honneur. Il avait été aménagé rue Manin dans le 19e arrondissement.

En toutes Lettres

Certaines voix glorieuses parlent encore – ainsi celle de Maurice Barrès – d'autres, comme celle de Pierre Loti, deviennent muettes. De jeunes succès – dont certains ne seront qu'un feu de paille – passionnent l'opinion. Les solennités sous la Coupole perpétuent la tradition, tandis que Dada continue ses folles nuits à Montparnasse, devenu le pôle artistique du monde entier.

Lorrain et Français
On a trop tendance à ne retenir de Maurice Barrès que le nationalisme exacerbé, et ses lourdes erreurs politiques qui le poussent à être le chantre du général Boulanger, et plus tard à devenir un antidreyfusard militant. C'est méconnaître que cet amoureux de la gloire et des grands hommes – à vingt et un ans, venant de débarquer à Paris, il fréquente Anatole France, à vingt-cinq ans, Ernest Renan et devient académicien à quarante-quatre ans, en 1906 – est aussi un grand écrivain, qui reflète dans une langue magnifique bien des rêves et des aspirations de la jeunesse de son époque. Successeur des Chateaubriand, Hugo, Renan, Maupassant, il sera aussi bien l'inspirateur d'un Montherlant, d'un Bernanos, d'un Drieu La Rochelle, d'un Malraux : son œuvre est une charnière. En cette année 1921, il consacre un ouvrage à la mystique rhénane : *Le Génie du Rhin,* cependant que, le 13 mai, les Dadaïstes lui intentent une parodie de procès public pour « crime contre la sûreté de l'esprit ».

Deux Anglais à la Sorbonne
Le samedi 19 novembre, en présence du président Alexandre Millerand, Paul Appell, recteur de l'Université de Paris, remet le diplôme de Docteur *Honoris causa* à deux hommes bien différents, mais qui ont au moins deux points communs : ils sont anglais, et grands amis de la France. Rudyard Kipling, chantre de l'Empire Britannique, est un poète et conteur mondialement célèbre pour *Le livre de la Jungle, Les Contes des Collines*, les *Histoires comme çà* ; il a reçu le Prix Nobel de Littérature en 1907.
Sir James Frazer, lui, est titulaire de la chaire d'anthropologie sociale à Cambridge, et spécialiste des croyances magiques et religieuses.

Le « pape de l'Histoire »
Professeur à la Sorbonne (1888) puis directeur de l'École normale supérieure (1904-1919). L'historien Lavisse, bien connu des cancres en histoire, fit placer dans le bassin du jardin des poissons rouges qui portent encore son prénom : les Ernest. Ici son dernier ouvrage.

Retour sur soi
Voici venu pour André Gide le temps de la mémoire : il poursuit en effet la publication, commencée l'année précédente, de ses souvenirs sous le titre *Si le grain ne meurt* ; l'ouvrage ne sera achevé qu'en 1924. Parallèlement, la N.R.F. fait paraître ce recueil de ses pages choisies.

Editeur-écrivain
Un jeune écrivain, Jacques Chardonne (pseudonyme de Jacques Boutelleau) commence à faire parler de lui dès son premier roman, l'*Epithalame*. Le thème en est la destruction d'un couple par le temps. Chardonne dirige également les éditions Stock, ce qui lui coûtera le Goncourt.

Révolutionnaire
Tantôt naïf, tantôt ironique, tout en finesse, Benjamin Péret, fidèle ami d'André Breton, anime la revue *Littérature*, qui paraît depuis 1919. Avec l'arrivée de Tzara, en 1920, elle cesse d'être une simple revue d'avant-garde, pour devenir une aventure dadaïste qui fait les délices de Péret.

In memoriam
Dès 1906, la Compagnie Michelin crée des succursales à l'étranger. Le Guide, lui, a commencé à paraître en 1900. Cet exemplaire spécial, en langue anglaise, est dédié à la mémoire des employés britanniques et américains de la Compagnie qui sont morts pour la patrie : c'est un guide historique illustré des grands champs de bataille. Parallèlement, la Compagnie constitue un comité présidé par le maréchal Pétain, qui lance une souscription pour l'érection du monument aux morts du fort de Douaumont.

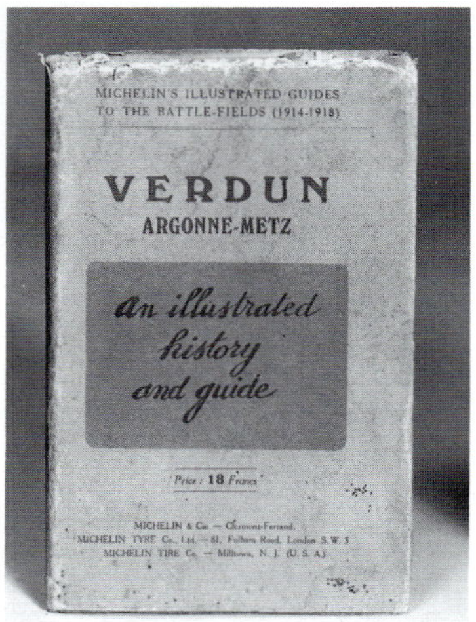

Un grand humaniste
Georges Duhamel a trente-sept ans. Médecin au front pendant la guerre, expérience dont il tire son roman *Civilisation* (Prix Goncourt 1918), cet humaniste, ennemi du modernisme industriel, a commencé l'année précédente la publication du cycle romanesque *Vie et aventures de Salavin.*

Hommage à Baudelaire
La ville de Paris n'avait pas jugé bon de se faire représenter aux obsèques de ce grand parisien. Elle répare le 10 avril ce geste malheureux : en présence du ministre de l'Instruction publique, Léon Bérard, et de nombreuses personnalités, une plaque est apposée sur l'immeuble du 15, rue d'Hautefeuille, là où naissait un siècle plus tôt le poète.

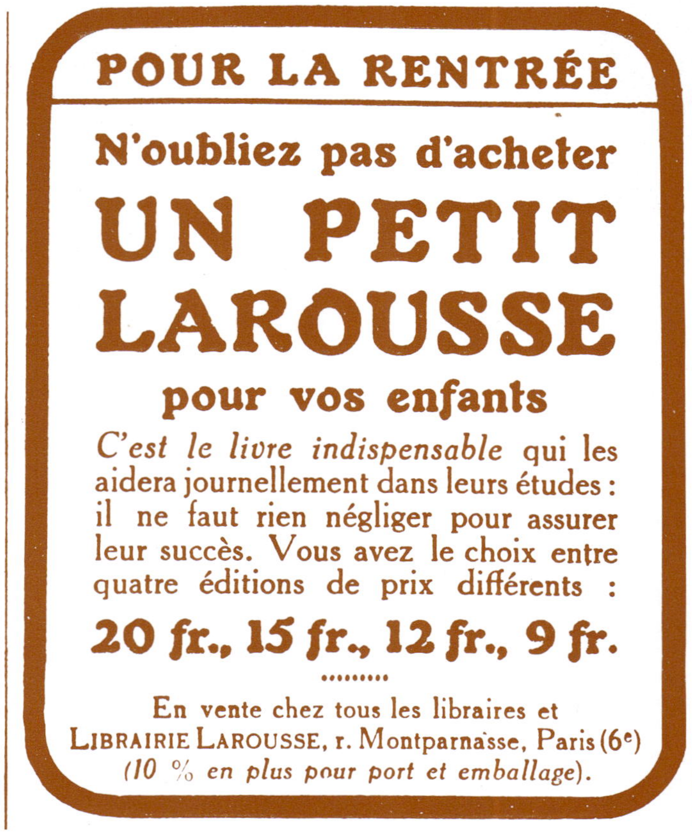

EN DEUX MOTS

L'abbé Mugnier écrit dans son Journal *au 27 mars 1921 :* « Barrès travaille beaucoup. Il a peu de culture. Avant la guerre, il lisait les jeunes revues et y cherchait des inspirations ».

Aragon, qui vient de lancer l'idée du procès intenté par Dada contre Barrès, dit à Breton : « Oui un procès à Barrès, c'est-à-dire à nous-mêmes, n'est-ce pas ? Nous avons tellement aimé Barrès, et pour dire la vérité, nous continuons à l'aimer malgré tout, hein, comme on aime une vieille maîtresse... »

Dada à la N.R.F.
Publié en bonnes feuilles dans la N.R.F. en 1920, le roman d'Aragon *Anicet ou le Panorama* paraît en volume, et enthousiasme Gide.

La quête d'un auteur
Luigi Pirandello a cinquante-quatre ans. Si les italianisants connaissent bien cet auteur prolixe pour ses romans, ses nouvelles, ses poèmes, le public, lui, retient surtout ses pièces de théâtre. Cette année, paraît *Six personnages en quête d'auteur,* premier volet d'une trilogie du « théâtre dans le théâtre », reflet d'une expérience sur le dédoublement de la personnalité aussi bien que d'une réflexion critique qui bouleverse, par leur révélation même, les lois du genre.

Carton d'invitation
Espace onirique, typologie délirante ... Les dadaïstes invitent en novembre un public toujours aussi ébahi à une conférence sur la poésie russe.

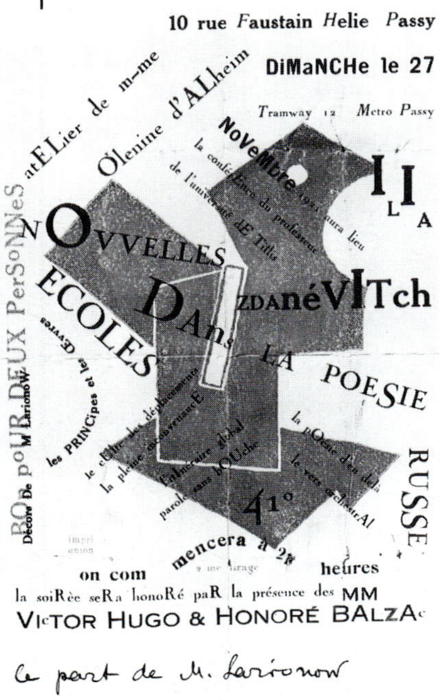

EN DEUX MOTS

La réputation des Editions Stock tient à l'abondance de leur fonds de littérature étrangère. Pourtant, harcelé par les difficultés financières, Pierre-Victor Stock se voit contraint de mettre sa maison en vente, le 8 février. Elle est rachetée par deux de ses collaborateurs, Jacques Boutelleau (l'écrivain Jacques Chardonne) et le juriste Maurice Delamain.

En 1921, Bernard Grasset confie à Daniel Haléry sa collection Les Cahiers verts, *qui connaîtra des succès sans précédent avec la publication de Louis Hémon et Raymond Radiguet.*
La maison possède également dans sa manche un atout majeur : ceux que le public appelle familièrement : « les quatre M de Grasset » : Mauriac, Morand, Maurois et Montherlant.

Quelques « perles » de Benjamin Péret :
« Je n'ai qu'un œil et deux cerveaux, et vous, comment va votre oreille ».
« Si les oiseaux chantent, nous n'en saurons rien, car notre détresse est grande et nos illusions découpées en jolis petits timbres-poste ».
« Demain je serai encore prêt à sauter dans la voiture de mon voisin s'il se dispose à prendre une direction autre que la mienne ».

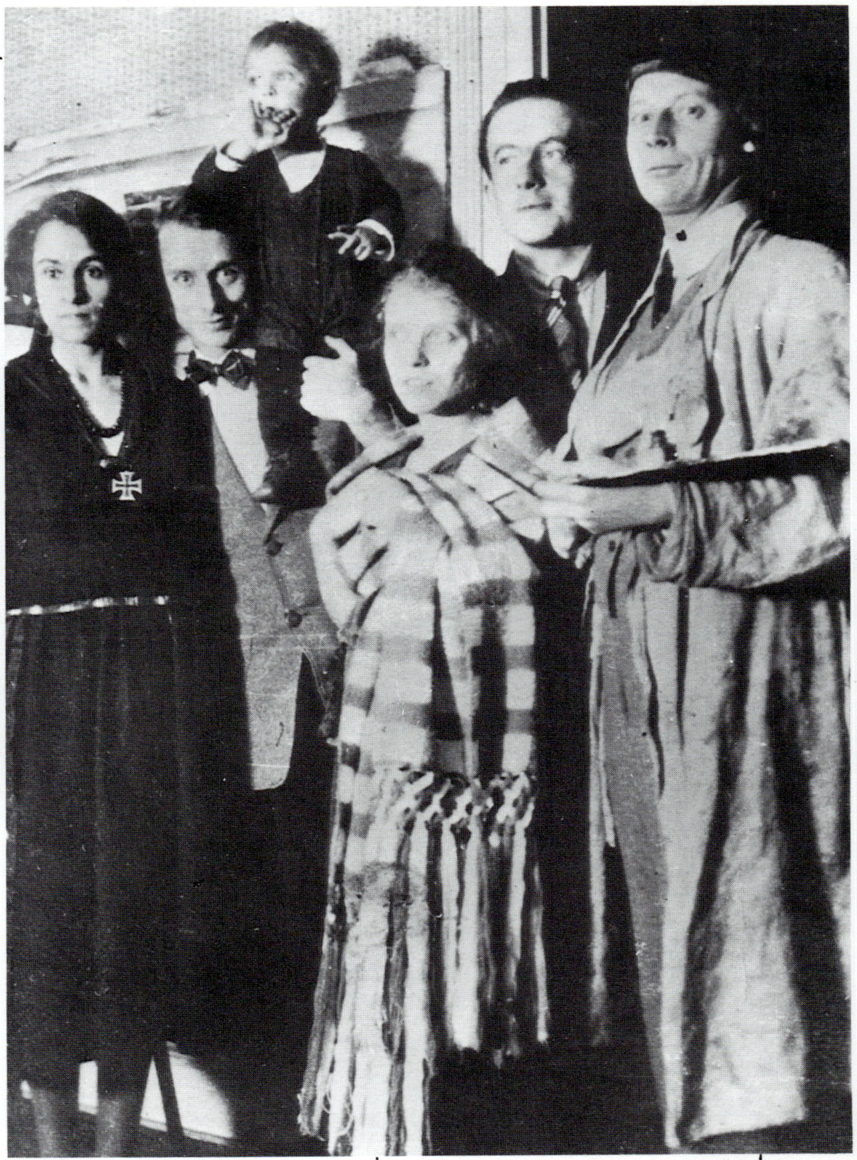

Dada à Cologne
Max Ernst reçoit dans son atelier de nombreux amis. Ici, de gauche à droite, Gala Eluard, Max Ernst, Louise Ernst, Paul Eluard, Johannes Baargeld.

Recherche spirituelle
Les pères assomptionnistes fondent en 1897 un Institut d'Etudes byzantines, ainsi que des missions dans l'Orient chrétien. Leurs publications s'appelleront *Echos d'Orient* jusqu'en 1948.

20e ANNEE. — No 118 AVRIL-JUIN 1920

Échos d'Orient

REVUE TRIMESTRIELLE

Abonnement annuel. France : 15 fr.
Etranger : 17 fr. Le numéro : 4 fr.

SOMMAIRE :

I. S. Salaville : Un théoricien de l'apostolat catholique au XVIIe siècle . . . 129
II. J.-B. Thibaut : La solennité de Noël . . . 153
III. R. Janin : La vie religieuse dans les Églises séparées d'Orient . . . 163
IV. J. Chichkof : Coup d'œil sur l'histoire politique et religieuse du Monténégro . . . 188
V. Ernest Mamboury : Le couvent byzantin de femmes à Prinkipo . . . 200
VI. V. Grégoire : Chronique . . . 209
VII. Bibliographie . . . 238

MAISON DE LA BONNE PRESSE
5, Rue Bayard, PARIS, 8

Immortel lampion
La tradition fait souvent rire : témoin cette caricature de Barrère à l'occasion de la réception de Robert de Flers à l'Académie.

EN DEUX MOTS

Eclectisme : La Revue des Deux Mondes *du 15 septembre contient entre autres trois articles remarquables :* Au pays de l'érable *(journal de la mission française au Canada) par le maréchal Fayolle;* Sur l'espace et le temps selon Einstein, *par Charles Nordmann, et* Les plagiats de Stendhal *par Paul Hazard.*

Le prix Fémina est attribué à Raymond Escholier pour son roman Cantegril, *qui se place dans la tradition rabelaisienne et voltairienne.*

Illustre nonagénaire
Le 12 décembre, au Cercle Interallié, *La Revue des Deux Mondes* fête ses quatre-vingt-douze ans. René Doumic, son directeur depuis 1916, résume ainsi la devise de cette publication qui compte 40 000 abonnés : *« Parler de toutes choses avec simplicité et clarté, aborder tous les problèmes avec probité et bonne foi, discuter toutes les idées avec courtoisie, en art, se tenir au-dessus des écoles, en politique, au-dessus des partis, pour ne voir que la France ».*

Couple immortel
Le 16 juin a lieu la réception sous la Coupole de Robert de Flers, élu l'année précédente au fauteuil du marquis de Ségur, dont il prononce un vibrant éloge. C'est René Doumic qui l'accueille ; ses parrains sont Marcel Prévost et Raymond Poincaré, que l'on voit ici en compagnie de son épouse au sortir de la cérémonie. Réception bien solennelle pour un auteur « de boulevard » dont la renommée tient essentiellement à son talent pour la comédie.

Giraudoux avant Giraudoux
Jean Giraudoux a trente-neuf ans. Normalien, ancien lecteur à l'Université Harvard, il poursuit une brillante carrière diplomatique. Germaniste, il n'est jamais parvenu à être agrégé d'allemand... Auteur de nouvelles et de romans, il publie cette année *Suzanne et le Pacifique*, « remake » au féminin de *Robinson Crusoë*. Son style exquis le rend déjà célèbre, mais personne ne peut encore deviner que, sept ans plus tard, sa rencontre avec Louis Jouvet déterminera... d'autres choses.

Man Ray à reflets
L'Américain Man Ray, peintre et photographe, s'établit à Paris en 1921. Son adhésion au mouvement dadaïste lui permet de développer les recherches qu'il a déjà entreprises depuis 1915, date de sa rencontre avec Marcel Duchamp et Francis Picabia. Tout cela l'incite à illustrer d'un « huit reflets » la nouvelle couverture de la revue *Littérature*.

Marin et romancier
Pierre Loti fête cette année le trentième anniversaire de son élection à l'Académie Française. Toute son œuvre est déjà derrière lui, aussi bien que sa brillante carrière d'officier de marine qui l'a mené partout dans le monde et particulièrement en Turquie (qui lui inspire *Aziyadé*), et au Japon (d'où il rapporte *Madame Chrysanthème*). Il s'est désormais retiré dans sa villa d'Hendaye, joyau de ce Pays Basque qu'il dépeint dans un de ses romans célèbres : *Ramuntcho*.

Goncourt martiniquais
Administrateur colonial au Tchad, René Maran reçoit le Prix Goncourt pour son roman *Batouala*. La concurrence était forte : Pierre Mac Orlan, *La cavalière Elsa* et Jacques Chardonne, l'*Epithalame*.

Une œuvre à son début
Pierre Mac Orlan – de son vrai nom Pierre Dumarchais – n'est pas un écrivain précoce, puisqu'il n'a, à trente-neuf ans, encore écrit que trois ouvrages, dont le premier, *Le Chant de l'équipage* date de 1918. Cette année il publie *La cavalière Elsa*, vision romancée de la révolution spartakiste en Allemagne.

Fort tirage
Cette couverture montre le succès de librairie que remportaient à l'époque les romans d'Henry Bordeaux, académicien depuis 1919.

Une moitié de Delly
Marie Petitjean de la Rosière et son frère Frédéric mènent à Versailles une vie modeste. Ils écrivent sous le pseudonyme de Delly des romans populaires bien pensants qui leur valent un énorme succès mais ne les enrichissent pas, car tous leurs droits d'auteurs vont aux bonnes œuvres.

La passion de l'Europe
Née dans une famille de la haute-bourgeoisie de tradition républicaine et dreyfusarde, Louise Weiss est reçue à vingt-et-un ans à l'agrégation des Lettres. Dédaignant l'enseignement, elle se lance dans le journalisme. Ses premiers articles paraissent pendant la guerre dans le *Radical* sous le pseudonyme Louis Lefranc ; elle crée un hopital militaire et un centre d'accueil pour les évacués du Nord à Portrieux dès 1914.
Deux rencontres déterminent sa vocation européenne : celle de Jean Monnet à Bordeaux en 1915, et celle de son mari, Milan Stefanik, dont elle devient veuve en 1919. Louise Weiss, qui voyait en lui « un des inspirateurs de l'Europe qui allait naître », crée en 1918 l'hebdomadaire l'*Europe Nouvelle*, où elle plaide pour la paix, la libération des minorités opprimées, l'union de l'Europe, la démocratie. En 1921, elle se rend en U.R.S.S., où sévissent le choléra et la famine, et sauve 125 institutrices françaises. Son reportage fait sensation et la rend mondialement célèbre.

Ce qu'il en coûte d'occuper des fonctions à costumes en 1914 et 1921

ÉVÊQUE

Soutane	120 F	350 F
Ceinture	75 F	150 F
Manteau	225 F	600 F
Chapeau	45 F	100 F
	465 F	1 200 F

COLONEL D'INFANTERIE

Tunique	100 F	350 F
Pantalon	45 F	150 F
Accessoires	141 F	183 F
	286 F	683 F

PROFESSEUR DE FACULTÉ

Robe	170 F	500 F
Toque	13 F	40 F
Ceinture	17 F	50 F
	200 F	590 F

VICE-AMIRAL

Redingote	140 F	450 F
Pantalon	50 F	150 F
Casquette	50 F	150 F
Épée	45 F	130 F
	285 F	880 F

SOUS-LIEUTENANT DE TIRAILLEURS

Tunique	105 F	375 F
Culotte	58 F	160 F
Képi	9 F	31 F
Accessoires	49 F	181 F
	221 F	747 F

AMBASSADEUR

Habit	780 F	2 200 F
Pantalon	75 F	300 F
Chapeau	160 F	475 F
Accessoires	245 F	700 F
	1 260 F	3 675 F

AVOCAT

Robe	70 F	200 F
Toque	7 F	20 F
	77 F	220 F

BEDEAU

Habit	65 F	185 F
Culotte	30 F	85 F
Gilet	20 F	55 F
Chapeau	35 F	100 F
	150 F	425 F

ACADÉMICIEN

Habit	500 F	1 700 F
Pantalon	70 F	300 F
Chapeau	50 F	230 F
Épée	45 F	100 F
	665 F	2 330 F

Catastrophes

Des calamités en série s'abattent sur la France. Les nouveaux magasins du Printemps se volatilisent dans les flammes ; en province, c'est tout un quartier de Chinon qui menace de s'effondrer ; des trains déraillent, dont un à la suite d'un sabotage ; un avion s'écrase près du Bourget.

Le Printemps s'embrase

Ce mercredi 28 septembre, dans l'agitation du petit matin, un cri jaillit de la foule qui se presse boulevard Haussmann. Derrière les devantures des nouveaux magasins du Printemps, les passants voient les flammes lécher les vitrines. Il est 7 h 45. Dès 8 h 30, les hommes du feu sont à l'œuvre. Quatre pompes commencent à déverser de l'eau. Mais, faute de pression, elle n'atteint pas les flammes. A 9 heures, quatre autres voitures-pompes se joignent aux premières. Sans résultat notable. A 10 heures, malgré les 22 pompes maintenant en service, la poutre centrale du bâtiment s'effondre dans un grondement d'apocalypse.

Pour contenir la foule, 400 gardiens de la paix, 100 gardes municipaux, des soldats et des fusiliers-marins, dirigés par le directeur de la police municipale, Guichard. A 11 h 30, l'incendie qui semble régresser, va continuer son œuvre pendant encore trois heures. A 14 h 30, c'est fini. Les pompiers retirent les grandes échelles. De ces nouveaux magasins, il ne reste plus qu'un squelette charbonneux.

L'effondrement de Chinon
Le dimanche 14 août, les Chinonais, médusés, se sont éveillés dans une cité dont tout un quartier semblait avoir subi un bombardement. Une crevasse sinue rue Saint-Martin (ci-dessus et ci-contre à droite), gagne la rue du Puy-des-Bancs. Des maisons se sont effondrées et, pour éviter le pillage, le quartier Saint-Martin, évacué par ses habitants, a été ceinturé de fils barbelés. C'est au faîte du côteau dominant la petite cité, à une cinquantaine de mètres du fort Saint-Georges, que l'éboulement a commencé vers 22 heures. Le 22 août, quinze maisons ne sont plus que des tas de gravats. Il ne s'agit pas d'un tremblement de terre. C'est l'insouciance des Chinonais de jadis qui est en cause : pour extraire la pierre du côteau, ils avaient creusé jusqu'à cinq galeries qui servaient de caves.

En revanche, inconnues sont les causes du grave incendie survenu le 8 juin à l'usine de papiers peints Dumas, 59, rue Arsène Chéreau à Montreuil-sous-Bois. En 15 minutes, les dix étages de la fabrique (ci-contre à gauche), ont été la proie des flammes. En se propageant, le feu a endommagé quatre autres établissements. Les dégâts sont estimés à 10 millions et 350 ouvriers sont menacés de chômage.

Déraillements en série
Dans la nuit du jeudi au vendredi 10 juin, le train de messageries 9019 quitte Paris à 23 h 10 pour Orléans. Il roule sur la voie n° 1. A 700 mètres de Villeneuve-le-Roi, la locomotive de type pacific 231, quitte les rails et s'immobilise sur la voie parallèle n° 1 bis où roule, dans la même direction, un train de marchandises, le 4023. A 40 km/h, c'est le télescopage. Des débris, on retire un blessé et un mort. L'accident est dû à un sabotage : les rails ont été déboulonnés.

Cause accidentelle pour l'accident survenu 16 jours plus tard, à 15 h 11 : l'express Paris-Lille déraille près de Beaumont-Hamel. Le fourgon de queue est tombé dans la rivière l'Ancre. Le dernier wagon s'est alors retourné et deux autres se sont renversés. Bilan : 87 victimes dont 25 morts.

Accident d'avion près du Bourget
Plus rare, mais peut-être plus frappant pour l'imagination, est l'accident du 6 septembre. A 18 h 30, le Prague-Strasbourg-Paris de la Compagnie Franco-Roumaine s'écrase au Blanc-Mesnil. A bord, outre le pilote, M. Brossard, quatre passagers : deux jeunes mariés, M. et Mme Raymond, et deux Strasbourgeois, MM. Kern et Marten. Les passagers ont été tués sur le coup. Le pilote, retiré vivant des débris de l'appareil, meurt à son arrivée à l'hôpital Saint-Louis. Les superstitieux y verront peut-être un signe : l'avion était immatriculé ADCD.

Une éclipse de Soleil le 8 avril 1921

Dix-huit ans et onze jours après celle qu'ils avaient pu observer le 28 mars 1903, les Parisiens voient une nouvelle éclipse partielle de Soleil. La dernière éclipse totale remontait à 1860, la suivante – déjà prévue par les observatoires – doit avoir lieu en 1961. Partielle donc, mais importante, celle du 8 avril 1921, puisque cachant 82,9 p. cent de la surface solaire à Paris, jusqu'à 94 p. cent à Dublin, contre seulement 71 p. cent à Nice.
Elle commence à 8 h 31 mn 5 dixièmes, voit sa plus grande phase à 9 h 44 mn, et prend fin à 11 h 4 mn 3 dixièmes. La France étant, à cette période de l'année, sous le régime horaire dit d'été, il convient d'ôter une heure à ces chiffres pour obtenir ceux en temps légal, tels que les annonce M. Baillard, directeur de l'Observatoire de Paris. Les journaux recommandent aux observateurs divers procédés pour éviter les accidents oculaires. C'est ainsi que l'on voit dans les rues des vendeurs de plaques de mica fumé ; d'autres préfèrent examiner le phénomène en réfraction, dans les fontaines de la Concorde ou les bassins des jardins publics. Les chauffeurs, pour remplacer le verre fumé, utilisent les lanternes de leur automobile.

Pour photographier ou filmer, on équipe les appareils de filtres spéciaux et de plaques appropriées. Par bonheur, ce vendredi, le temps

est radieux. N'étant pas totale, l'éclipse ne produit, à sa plus grande phase, que l'équivalent d'un crépuscule un peu sombre. Cependant, des faits curieux se produisent. Les oiseaux cessent de chanter, et les coqs poussent ensuite un nouveau cocorico auroral. La lumière n'a pas seulement décru, elle change aussi de nuances, donnant aux gens un teint livide. Certains – effet de la superstition, d'une peur ancestrale ? – paraissent extrêmement impressionnés, ou même malades. L'atmosphère semble un moment charrier une cendre fine, et sa température se refroidit légèrement. Les observatoires, quant à eux, contrôlent leurs calculs, et précisent les tables respectives de la Lune et du Soleil. *L'Excelsior* décrit ainsi le phénomène : « Phébé se plaçant irrévérencieusement devant Phébus. »

Survol de la cité interdite

Alain Fournier arrivant à Carcassonne, s'émerveille en voyant, du train, la cité : « *Un château pour conte de fées ou pour le chat botté !* ». Il y pénètre « *à l'heure où les fumées s'assombrissent sur le chaos des toits et soudain s'élèvent vers un haut édifice de pierre fleurie où le ciel paraît se briser* ». Cette vue aérienne, datée de 1921, révèle particulièrement la double enceinte, dont les cinquante-quatre tours dominent la ville basse. Successivement gallo-romain, wisigoth, sarrasin, cathare, le plus remarquable ensemble fortifié que le Moyen Age européen nous ait légué s'élève au bord de l'Aude, au milieu de la plaine qui s'étend entre Toulouse et Béziers et que gardent, lointaines sentinelles, les massifs des Corbières et de la Montagne Noire. Son exceptionnel état de conservation est dû aux travaux de Viollet-le-Duc.

La porte narbonnaise
Si les premières fortifications de la cité ont été construites au Ve siècle par les Wisigoths, leur aspect actuel est dû à Saint Louis, qui fait construire au milieu du XIIIe siècle l'enceinte extérieure, puis à son fils Philippe III le Hardi qui, à la fin du même siècle, rajoute plusieurs tours et la fameuse porte narbonnaise, que l'on voit ci-dessus. Construite en moyen appareil à bossage, c'est une des plus savantes constructions militaires de l'époque, avec ses tours à étages voûtés défendus par des meurtrières. La tour du Sud possède une cave qui servait de garde-manger à la garnison : elle pouvait contenir la viande salée de mille porcs et de cent bœufs.

L'église Saint-Nazaire
L'église Saint-Nazaire et Saint-Celse, avec ses trois nefs et ses sept travées, est un véritable résumé de l'art médiéval. En effet, sa nef, construite de 1206 à 1270 environ, est romane ; le chœur, commencé en 1270 et achevé vers 1330, est gothique. Les vitraux datent du XIVe siècle, et furent commandités par l'évêque Pierre de Roquefort et par Philippe le Bel.

Le château comtal
Commencé aux environs de 1150 par Roger Ier, continué par les vicomtes Roger II et Raimon Roger Trencavel tout au long du XIIe siècle, le château comtal est achevé lorsqu'en 1209, Simon de Montfort s'empare de la ville, devenue un centre de l'hérésie albigeoise. Cet édifice renforce la défense de la partie ouest des remparts, et est dominé par la « tour pinte », dite aussi tour de Charlemagne : une légende d'un anachronisme flagrant raconte en effet qu'elle s'inclina devant l'Empereur !

La cité depuis la ville basse
Fondée en 1247 par Saint Louis sur l'emplacement d'un bourg détruit par Simon de Montfort, la ville basse est un important centre commercial, tandis que la cité, devenue uniquement administrative et militaire, le domine orgueilleusement.

Le rénovateur
C'est à l'instigation de Mérimée, directeur des Monuments historiques, que Viollet-le-Duc entreprend en 1840 la restauration de la cité, en commençant par l'église.

Les grandes familles

La famille Amet, de Cornimont (dans les Vosges), vingt-trois enfants dont dix-huit vivants a été désignée par l'Académie française pour recevoir un des quatre-vingt dix prix de 25 000 francs de la dotation Cognacq-Jay. Mais bien d'autres familles nombreuses figurent au palmarès de cette année : on ne les trouve pas seulement à la campagne mais aussi dans les grandes agglomérations urbaines.

La famille Perrot
Les époux Perrot, de Lantillière, sont l'orgueil de la commune de Chailly, en Côte-d'Or. Le père n'a que trente-neuf ans, la mère trente-trois, ils n'ont pas encore célébré leur quatorzième anniversaire de mariage, et, sans avoir eu de jumeaux, ils comptent déjà dix enfants, tous vivants, dont l'aîné a treize ans et le plus jeune un an. Chaque matin, sous la conduite de l'aîné, le jeune Marcel, un petit bataillon de six enfants se rend par tous les temps à l'école, à deux kilomètres et demi de distance. Seuls les quatre plus petits demeurent à la maison. Leur père, agriculteur et éleveur (il possède 50 vaches, 8 chevaux, 100 moutons et une grande basse-cour), veille lui-même à l'instruction et à l'éducation de ses enfants.

En cinq générations
Il est rare, même pour un bébé, d'être choyé par sa trisaïeule. Tel est pourtant le cas du jeune Henri Leclainche, âgé d'un peu plus d'un an, photographié ici en compagnie de sa mère, Mme Leclainche (vingt ans), son grand-père, M. Laugerotte (quarante-trois ans), sa bisaïeule, Mme veuve Laugerotte, soixante-cinq ans) et sa trisaïeule, Mme veuve Goubard, née Pierrette Mugnier (quatre-vingt-quatre ans). Cinq générations en moins d'un siècle, dont les représentants sont tous originaires de Givry-près-l'Orbize, en Saône-et-Loire, où ils sont propriétaires vignerons. Ce bel exemple familial n'est pas dû seulement à la fidélité au sol natal et aux saines conditions d'une existence rurale, mais plutôt au mariage précoce de chaque génération.

Quinze dans deux pièces
La famille Paraire habite à Vincennes. Le père est employé à Paris comme sous-chef de bureau à la Caisse d'épargne. Il a treize enfants (ci-contre avec leur mère) dont l'aîné a quatorze ans et demi, et le plus jeune neuf mois. Les treize enfants et leurs parents sont logés dans deux chambres et un petit cabinet de toilette. Pourtant les Paraire pensent avec joie à ceux qui naîtront encore...

Lorsque l'enfant paraît
M. et Mme Arangaïs, fermiers à Rive-Haute dans les Basses-Pyrénées, photographiés avec onze de leurs dix-huit enfants (ci-dessous) en attendent un dix-neuvième. Jusqu'à l'attribution du legs Cognacq-Jay, M. Arangaïs n'avait jamais réalisé qu'il était « père de famille nombreuse ». Pour lui, une famille ne se conçoit que nombreuse, car c'est des enfants que vient toute joie.

Onze filles et huit garçons
Mme Blondel, d'Yébleron, Seine-Inférieure, a quarante et un ans. Elle a donné le jour à dix-neuf enfants. Les neuf plus âgés, six filles et trois garçons, ont déjà quitté la maison paternelle. Les dix derniers (ci-contre) s'échelonnent de quatorze ans à cinq semaines. Le père travaille dans une ferme et ne revient chez lui que le dimanche. Mme Blondel a été heureusement surprise de recevoir un prix. « Et puis, vous savez, dit-elle, la liste n'est pas close. »

Les enfants des ruines
Des milliers d'enfants de nos départements envahis ont dû vivre dans les ruines de leur village détruit. Parmi ceux de six à quinze ans, on observe souvent une taille et un poids inférieur de vingt pour cent à la moyenne, des intelligences en retard d'au moins deux ans, pour ne rien dire du rachitisme, de la tuberculose et d'une mortalité considérable.
D'origine américaine, le Comité d'assistance des régions libérées s'est mis, dès l'armistice, à distribuer des secours, à organiser des consultations de nourrissons, comme le montrent ces photographies prises à Sissone (ci-contre) et à Malmaison (ci-dessus). Grâce à cette initiative, la mortalité infantile a diminué de moitié.

Chine

Une féministe chinoise
Depuis la révolution de 1911, les femmes peuvent voyager. Ces jeunes filles, photographiées ici avec leur mentor, Mme Soumé Tchang, appartiennent à la meilleure société. Elles viennent se perfectionner en français pour s'inscrire dans nos facultés et nos écoles. Quant à Mme Soumé Tchang, elle est l'auteur de *Souvenirs d'enfance et de révolution* où elle raconte comment, devenue une révolutionnaire ardente, elle dut s'expatrier en France. Maintenant en paix avec les autorités de son pays, elle milite pour le féminisme.

La Chine à la Sorbonne
Spectacle inhabituel le 23 avril dans le grand amphithéâtre de la Sorbonne.
Le diplôme de docteur *honoris causa,* décerné par l'Université de Paris au président de la République chinoise, Shu-Che-Tchang (ci-dessous) a été remis en grande pompe à l'envoyé extraordinaire, S.E. Chu-Chi-Chen. Cette visite est la réponse chinoise à l'envoi à Pékin, il y a quelques mois, d'une mission française conduite par Paul Painlevé. Aujourd'hui, la Chine multiplie ses efforts pour renouer les relations internationales.

Création du Parti communiste chinois
Depuis la chute de la dynastie des Quing en 1911, la Chine a vécu dans une agitation propagée par le Guomindang de Sun Yat-Sen. L'année 1919 avait vu la création du Mouvement du 4 Mai : la jeunesse y mettait en accusation l'idéologie et la société anciennes tout en fustigeant le despotisme et en prônant l'émancipation des femmes. En 1920, des intellectuels et des ouvriers s'étaient réunis à Shangaï pour former un parti révolutionnaire. Cette union sacrée débouche cette année sur la création du Parti communiste chinois, qui, aussitôt, se réunit en congrès.
Chine oblige, les délibérations ont lieu sur cette jonque, amarrée sur le lac Nanga.

La chute de l'idole

Ci-dessus, Carpentier devant le magasin de Paris où l'on vend les productions de son usine, et ci-contre dans sa maison à Long Island.

Le 2 juillet, c'est la fièvre de part et d'autre de l'Atlantique. Georges Carpentier, vingt-sept ans, 78 kilos, affronte Jack Dempsey, vingt-six ans, 89 kilos, champion du monde depuis 1919. La rencontre, qui a lieu à Jersey City, comporte 12 reprises de trois minutes. Vainqueur ou vaincu, Carpentier recevra une bourse de 200 000 dollars (2 460 000 francs) et Dempsey 300 000 dollars. Sentimentalement, la presse française pronostique la défaite de l'Américain.

Pour la rencontre, qui sera retransmise en direct à la T.S.F. aux États-Unis, on a construit une gigantesque arène. Elle a coûté 100 000 dollars et peut accueillir près de 100 000 personnes.

A 3 h 17 (8 h 27, heure de Paris), l'arbitre, Harry Ertle, un employé à l'hôtel de ville de Jersey City, donne ses dernières instructions aux boxeurs, équitablement applaudis par 92 000 spectateurs.

3 h 18 : le gong résonne, première reprise (photo ci-dessus). Dempsey cherche le corps à corps où il excelle. Carpentier, selon sa tactique, esquive pour fatiguer son adversaire. Dempsey, par trois fois, frappe le Français sur le nez. Carpentier riposte par un magnifique coup à la mâchoire.

A la deuxième reprise, Dempsey tente de bloquer Carpentier dans un coin pour le marteler. Le Français s'échappe en portant de petits coups très précis qui brisent l'élan de Dempsey.

A la troisième reprise (photo du haut), Carpentier, gêné par un ring trop petit, ne parvient pas à user Dempsey, et il ne semble pas avoir la puissance nécessaire pour affaiblir l'Américain.

Quatrième reprise : littéralement martelé par Dempsey qui lui porte deux crochets du droit, Carpentier tombe, se relève au bout de neuf secondes, puis, atteint par deux coups droits à la mâchoire, s'affaisse à nouveau. Carpentier essaye désespérément de se relever. Trop tard. Les 10 secondes viennent d'être comptées.

Le lendemain, les journaux américains écrivent : *« Ce n'est pas le meilleur qui a gagné, mais le plus fort. »* Cela ne suffit pas pour consoler la France qui pleure son idole abattue.

Joseph Vallot et son refuge

Fondateur du refuge-observatoire qui porte son nom, Joseph Vallot est un montagnard d'exception doué et endurant, écrivant lui-même l'histoire naissante de l'alpinisme (le mont Blanc, en Savoie, n'est français que depuis 1860).

En 1920, âgé de soixante-six ans, il a réussi sa 34e ascension annuelle du mont Blanc, totalisant ainsi 128 kilomètres cumulés de dénivellation et surtout un an de séjour entre 4 350 et 4 807 mètres ! Personne n'a répété son travail de 1887 où, durant tout l'été, il releva les mesures de la pression, des précipitations et des températures de l'air à 1 000, 3 000 et 4 800 mètres, établissant pour la première fois la valeur du gradient thermique en haute montagne. Car ce grimpeur est aussi un scientifique autodidacte polyvalent intéressé tour à tour par la botanique, la glaciologie, la météorologie et la physique, la géologie, la topographie, la photographie, les travaux publics, la physiologie et la médecine...

Né à Lodève, en 1854, d'une famille aisée, ce savant-bâtisseur est son propre mécène. Il a financé lui-même la construction, sur la route du mont Blanc, au-dessus des rochers des Bosses, à 4 368 mètres d'altitude, de l'observatoire le plus haut du monde. Joseph Vallot est bien le fils de son siècle, marqué par le développement des sciences et la religion du progrès : de son coup de foudre pour « le toit de l'Europe » naît un projet audacieux et pourtant logique, conçu durant une expédition de trois jours en 1887, au cours de laquelle il a constaté qu'on pouvait vivre au sommet du mont Blanc. En 1889, les plans sont faits. En juillet et août 1890, grâce à 110 guides chamoniards qui transportèrent les matériaux, l'observatoire-refuge est construit, et Joseph Vallot peut poser victorieusement, piolet en main, devant son œuvre (ci-contre). Un nouvel observatoire remplacera la première construction en 1898. « Confortablement » installé devant le plus beau panorama du monde

(ci-dessus) Joseph Vallot est aidé dans son œuvre par sa fille Madeleine bientôt Madame Franz-Namur, elle aussi familière du mont Blanc (ci-dessous : en tenue d'alpiniste, et franchissant une crevasse avec l'aide de son père). Cette « recordwoman » de la montagne, qui est aussi skieuse, peintre, journaliste de mode et pilote de ballon dirigeable, va guider cette année dans son ascension au mont Blanc le célèbre acteur américain John Barrymore. Passionné de photographie, Joseph Vallot l'est aussi de cinéma : en 1907 il a fait réaliser par Gaumont le premier film d'une ascension au mont Blanc dont il avait, bien sûr, pris la tête.

Images de la Bretagne

A la veille de 1914, on rencontrait encore en Bretagne des coutumes, des habits et des idées du temps de Louis XIV. Mais, depuis la guerre, où 300 000 Bretons ont donné leur vie, le contact des soldats avec d'autres provinces, le retour au pays des compatriotes ayant travaillé au dehors, émoussent lentement le particularisme breton. Dans cette région de faible industrie, la pêche et les marins-pêcheurs, à côté de l'agriculture, gardent la première place.

Un moulin à vent, une fileuse, des lavandières, des batteuses au fléau : autant d'instantanés qui donnent de la Bretagne l'image d'un pays immuable, et d'ailleurs plus que jamais jaloux de sa personnalité. Il y a deux ans, à l'occasion du traité de paix, le marquis d'Estourbeillon n'a-t-il pas réclamé, avec l'approbation du maréchal Foch et des évêques de Bretagne, le renouvellement du traité d'Union franco-breton de 1532, et même la possibilité pour la Bretagne de s'exprimer dans les conférences internationales ? Cependant, une évolution s'amorce. Les anciens costumes, si pittoresques, ne feront plus partie de la vie de tous les jours, et ne sortent plus des armoires que pour les pardons et les fêtes familiales. Bien des lits clos partent chez l'antiquaire, avec armoires et vaisseliers. Et, si la langue bretonne demeure vivace, le français ne cesse de gagner du terrain. Isolées, les terres de l'intérieur résistent mieux. Le pays côtier, du fait du trafic maritime, de la pêche et de leurs industries annexes, est plus ouvert à l'évolution.

Retour de pêche dans le port d'Audierne sur le littoral sud-ouest, entre la pointe du Raz et la pointe de Penmarch (en haut).

Lavandières du port de pêche de Camaret, à l'extrême pointe de la presqu'île de Crozon.

Fileuse à la quenouille à Roscanvel, près de Camaret.

Les deux Bretagne

Du goulet de Brest à Belle-Ile s'étend la partie du pays d'Armor la plus dense et la plus active pour la pêche. Il y a là trente mille pêcheurs nichés au creux de la côte et des îles : Camaret, Douarnenez, Audierne, Sein, Guilvinec, Concarneau, Groix, Larmor, Quiberon, Le Palais pour ne nommer que les plus populeux.

Pêcheurs de sardines, de maquereaux, de thons et de langoustes, équipages de chaloupes et de lougres, de côtres et de dundees, hommes des grands ports industriels touchés par les doctrines socialistes ou marins de Saint-Guénolé qui se signent en jetant leurs filets.

Le dédain du danger, ces Bretons en ont déjà attesté à la face du monde dans les combats de l'Yser où tant de fusilliers-marins ont sauvé Calais de la ruée allemande. C'est un tout autre décor que la Bretagne de l'intérieur – le vaste pays d'Arcoat – offre au visiteur. Paysage de landes sauvages et de forêts mystérieuses alternent avec les cultures céréalières et les prairies d'élevage. Sans connaître les périls des gens de mer, la vie y est rude dans les campagnes où l'agriculture, comme les fêtes, obéit à des traditions bien enracinées.

Pays de vent, pays de moulins couverts de chaumes. L'énergie éolienne ici est inépuisable.

Murs de pierres, toits de chaumes ou d'ardoises, les maisons basses ont l'habitude des intempéries.

Dans l'Arcoat, où la mécanisation est encore un luxe, le battage au fléau est chose courante, comme ici près de Chateaulin.

A Brest, au pied des remparts de Duquesne et de Vauban.

Conférence antialcoolique à l'Abri du Marin de Douarnenez, port très actif du littoral (ci-contre).

Cours pratique à l'Abri du Marin de l'île de Sein.

Les abris de marins

C'est en 1898 qu'ont été fondés les premiers « Abris du Marin » pour accueillir les pêcheurs isolés, et particulièrement ceux de passage qui n'avaient que le refuge du cabaret. En 1921, onze abris jalonnent la côte de Roscoff à Belle-Ile.

Visitons celui de Douarnenez, sur la façade duquel, cette devise : *« Karet an eil éguilé »* (aimez-vous les uns les autres). Dans l'entrée, le tronc où les hommes jettent les deux sous de leur cotisation annuelle.
Puis des annonces de ventes de bateaux, des offres et demandes d'engagements, des instructions nautiques, des conseils d'hygiène, des devises de tempérance : *« Eau de vie pour le marchand, mais ôte-vie pour le client ».*
Ici, la politique est bannie comme l'alcool. Les conférences portent sur les fléaux qui menacent la santé (alcoolisme, tuberculose et syphilis) sur la morale, sur la navigation et sur la pêche. Cours gratuits, chambres collectives, réfectoires, salles de lecture, matériels et ateliers de réparations complètent le décor où tout marin peut venir chercher assistance et chaleur.

L'Armor et l'Arcoat

Déjà connue des Romains, la mine de plomb argentifère (aujourd'hui en sommeil) de la forêt d'Huelgoat, dans le Finistère, témoigne que la richesse de la Bretagne ne se limite pas à la pêche qui est la fierté et la survivance du pays d'Armor, aux primeurs et au tourisme des Côtes-du-Nord, ou aux productions agricoles du légendaire pays d'Arcoat qui s'étend du bassin de Chateaulin à celui de Rennes et des landes de Mené à celles de Lanvaux.

La crise du frêt

Désolant est le spectacle de ces dix huit voiliers de haute mer, condamnés au chômage. Des bateaux à vapeur leur tiennent compagnie et leur file ensemble s'étend sur plus de six kilomètres. Désarmés, désœuvrés, ces robustes trois-mâts d'acier – dont la mise en service remonte à une vingtaine d'années – ont trouvé refuge dans le paisible et plat décor du canal de la Martinière qui longe l'embouchure de la Loire jusqu'à Nantes.

A la fête de Penmarch et de Saint-Guénolé, sur la baie d'Audierne, au mois d'août, la Reine parcourt la ville dans le traditionnel char à bœufs.

Fête nautique sur le littoral breton : dur exercice pour les femmes qui se livrent une joute sévère à la godille.

A Sainte-Marine, où l'Œuvre du Bien du Marin avait mis en route un programme d'habitations pour les pêcheurs, les enfants célèbrent pieusement leur mois de Marie (page ci-contre, en haut).

A Huelgoat, dans le Finistère, les traditionnelles fêtes bretonnes de septembre associent dans une même ferveur touristes et « gens de terre » (page ci-contre, en bas).

Les dessins illustrant ces pages sont de Frédéric de Haeven.

La fête bretonne

Pays des traditions, la Bretagne est aussi le pays des fêtes, qui mettent en valeur les costumes, les jeux, les chants, les danses du pittoresque folklore armoricain ! Au mois d'août, sur la côte sauvage de Penmarch semée de mégalithes, où moururent Tristan et Iseult, au pays des bombardes et des binious, une fête a été instituée cette année au profit des orphelins de pêcheurs, des marins-pêcheurs nécessiteux et des victimes de la guerre. Deux jours durant, les spectateurs ont pu assister à des danses, des régates, des défilés, à un concours de costumes et à une kermesse. Couronnée par la municipalité, la reine des Cormorans, entourée de ses demoiselles d'honneur, a défilé sur un char à bœuf, escortée de cavaliers. Tout à côté, à Saint-Guénolé, où avait été organisée une exposition des découvertes archéologiques faites depuis trois ans dans la région, on projette d'ouvrir un musée préhistorique finistérien.

Autre manifestation traditionnelle, la fête de Huelgoat, organisée pour mieux faire connaître le pays d'*Argoat*, c'est-à-dire le « pays des bois », la Bretagne de l'intérieur.

Le Huelgoat, entouré de forêts où se réfugièrent, dit-on, les derniers druides, a été découvert il y a une cinquantaine d'années par des peintres, et est devenu depuis un des centres de tourisme bretons les plus réputés.

On y visite des sites mémorables : le Gouffre, où disparaît une rivière, et ces rochers qui ont nom la Pierre tremblante, le Ménage de la Vierge, et la Chaise de Gargantua.

La fête offrait cette année un prodigieux cortège de costumes : paysans aux chapeaux de velours noir, aux vestes richement brodées et chamarrées de cocardes et de rubans, paysannes aux coiffes de toutes formes, aux jupes de soie, aux tabliers de dentelles, cavaliers et sonneurs de biniou. Après le concours des costumes – répartis, en raison de leur extrême variété, en treize catégories, de la Cornouaille au Léon, et du Trégor au Vannetais –, ce fut un festival de jeux, de chants populaires et de danses. Au banquet, présidé par le ministre Le Trocquer, un invité surprise : le maréchal Foch, en civil, venu en voisin de sa propriété de Trofeunteunioniou.

Ajoutons qu'à l'heureuse initiative du ministère des Affaires Étrangères, une quinzaine de journalistes étrangers ont été invités à visiter la Bretagne. De prochaines visites sont prévues pour montrer que Paris n'est pas toute la France...

Faits divers

Un ancien ministre dans le pétrin à cause d'une histoire de farine ; un fric-frac dans un café ; un concierge assassiné et mis en consigne dans une gare... En comparaison de l'affaire Landru, ce sont là de bien petites affaires. Elles font néanmoins les délices d'un public toujours friand d'histoires troubles.

Fric-frac au bistro
En faisant leur ronde le mercredi 21 décembre à 7 heures du matin, des sergents de ville ont l'attention attirée par des serviettes de table nouées bout à bout. Elles sortent de l'une des fenêtres du *Café français,* boulevard Saint-Denis. Plutôt que de s'attaquer au Crédit Lyonnais trop coriace, des « audacieux » cambrioleurs se sont mêlés aux consommateurs et laissé enfermer dans l'estaminet. Peu de risques, peu d'argent : dans la caisse, ils n'ont trouvé que... 9,45 F. Pour se remonter le moral, ils se sont alors offert un petit souper intime aux frais de la maison, et soucieux de ne pas repartir les mains vides, ils ont rempli leur besace de linge et d'argenterie.

Affaire Vilgrain
Ernest Vilgrain avait eu son heure de gloire en 1919 avec les baraques qui portaient son nom. Cette fois, l'ancien sous-secrétaire d'État au Ravitaillement occupe la page, moins flatteuse, des faits divers. Avec son père, Louis, et son frère, Marcel, il est inculpé pour spéculation illicite sur le blé et le son. Des perquisitions ont été effectuées à son domicile du 55, quai d'Orsay et, sur ordre du magistrat instructeur, les enquêteurs examinent l'état de sa fortune avant et après la guerre.

La malle sanglante
Surprise le 17 août au 25, rue de Constantine. Le concierge, M. Boissière, a disparu ! Son collègue de l'immeuble voisin alerte un locataire qui appelle la police. De minuscules traces de sang sur l'évier convainquent les limiers qu'il y a eu crime. A 8 h 30 un jeune homme, se disant boucher novice, avait demandé à un commissionnaire de la gare de Lyon de l'aider à jeter à la Seine une malle contenant de la viande avariée. Après avoir prévenu le commissariat, l'employé avait donné rendez-vous au jeune homme à 10 h 30.
Des inspecteurs se précipitent, transportent la malle au commissariat, l'ouvrent et découvrent un cadavre. La viande avariée était l'oncle du jeune homme. Celui-ci, qui s'appelle Gouraud, avait besoin d'argent. Son crime accompli et l'argent volé, il avait payé largement le chauffeur de taxi (ci-dessus) qui, sans méfiance, avait convoyé la malle sanglante.

L'Art et la matière

En ces années qui suivent la guerre, de nombreux monuments à la gloire de nos poilus poussent un peu partout en France. A côté de cet art officiel, le plus souvent banal et stéréotypé, on assiste à une explosion d'audace chez un groupe de peintres et sculpteurs qui colonisent déjà Montparnasse. Beaucoup prolongent le cubisme – apparu dès 1906 – d'autres inventent leurs propres théories : purisme, néoplasticisme. Dada, naissant, scandalise ou fait rire.

Marie Laurencin portraitiste
Avant guerre, liée à Apollinaire, son style, traditionnel, reflétait un schématisme inspiré du cubisme. Après 1920, elle évolue vers un art gracieux et élégant, aux harmonies délicates de couleurs pâles, ainsi ce portrait de Jean Cocteau.

EN DEUX MOTS...

Au Salon des artistes décorateurs : exposition de la porte en fer forgé du monument de la Tranchée des Baïonnettes. Œuvre de l'architecte André Ventre et du ferronnier Edgar Brandt.

Sixième centenaire de la mort de Dante : à Paris, messe de jubilé à l'église Saint-Séverin et cérémonie à la Sorbonne.

Exposition au Grand Palais des projets de la médaille commémorative de la Grande Guerre. Premier prix sur 73 maquettes : Alexandre Morlon. Ayants droit : tous les mobilisés (plusieurs millions).

Une médaille signée Gaston Bigard pour le centenaire de la naissance de Gustave Flaubert.

Le portrait d'Anatole France par Van Dongen fait sensation au Salon de la Société Nationale.

Succès pour les maîtres hollandais au Jeu de Paume : Rembrandt, Vermeer, Ruysdael, Frans Hals...

Amédée Ozenfant
Cette *Nature morte au violon* est révélatrice de la théorie « puriste » élaborée par ce peintre dans le prolongement du cubisme : formes épurées et strictes issues d'objets réels, élimination de tout élément anecdotique, harmonies discrètes des couleurs.

Henri Laurens féministe
Sculpteur et dessinateur venu tardivement au cubisme, il travaille, à partir de 1917, presque exclusivement le thème féminin, en bas-relief ou en ronde-bosse. Ici, *La femme au compotier*, très représentative de cette période de l'artiste.

Rigueur et complexité
De son vrai nom Victoriano Gonzalez, Juan Gris, né à Madrid, a signé dès 1911 ses premières peintures cubistes, et intégré des papiers collés à ses toiles. Ses formes géométriques se marient à l'intensité du coloris dans ses natures mortes, comme ce *Nu sur la haie.*

Georges Braque s'interroge
Tour à tour fauve, puis marqué par le cubisme où il affirme son goût de la construction, l'artiste peint d'abord des natures mortes où la perspective est abolie au profit d'une « vision simultanée », caractéristique du cubisme « analytique ». Mais, dès 1912, avec un retour à la couleur et aux collages de matières, c'est un cubisme « synthétique » qui va s'épanouir dans les années 20. Ici, *Guitare et verre*.

Un Japonais à Paris
Né à Tokyo, arrivé à Paris à la veille de la guerre, le peintre Foujita Tsuguharu est devenu une célébrité de Montparnasse. Dans ses portraits, nus, natures mortes, (ici, *Mon intérieur*) et scènes religieuses, le réalisme poétique se mêle à des éléments japonisants : élégance voire préciosité, couleurs ivoirines.

EN DEUX MOTS...

Exposition Ingres au Petit Palais, au bénéfice des mutilés de la face.

A l'exposition sur le théâtre romantique du Musée Victor Hugo, place des Vosges, nombreux dessins de costumes par Gavarni.

Controverse sur le futur emplacement de La ville de Paris, *sculpture de Bartholomé évoquant l'esprit de résistance de la capitale. Le ministre Louis Bérard n'est pas d'accord pour les Tuileries, déjà surencombrées de statues.*

Record à New York : une couronne de pavots rouges de 700 kilogrammes et 27 mètres de circonférence a été déposée par les Vétérans de guerre américains au pied de la Statue de la Liberté, à l'occasion du Memorial Day.

Exposition d'art français à Copenhague, au mois de septembre, organisée au château de Christiansborg, l'ancienne résidence royale : meubles anciens, Gobelins, Beauvais et Savonnerie.

André Masson
Le *Portrait de R. Tual* est caractéristique des premières recherches personnelles du peintre, alors âgé seulement de vingt-cinq ans : permanence d'éléments de la syntaxe cubiste dans un contenu symbolique. Après une phase ouverte à la subjectivité onirique, l'évolution de l'artiste va déboucher sur l'adhésion au surréalisme.

Chaplin et Helleu
Ces deux désenchantés à l'attitude mélancolique sont pourtant des enfants gâtés de la fortune et de la célébrité : le photographe a surpris Charlie Chaplin en conversation, à New York, avec le peintre Paul Helleu, le plus brillant observateur de la société mondaine de son temps et aussi l'auteur de natures mortes et de paysages d'inspiration impressionniste.

Armand Rateau
Jeanne Lanvin a fait appel à Armand Rateau, son directeur de Lanvin-Sport, pour décorer son luxueux appartement du 16, rue Barbet de Jouy, dont la célèbre chambre bleue va devenir historique. Ici, la salle de bain en marbre, stuc et bronze de la grande couturière.

Sacha Guitry dessinateur
Sur ce dessin, une signature inattendue : celle de Sacha Guitry. Le fameux auteur-acteur révèle sa peinture aux Parisiens dans une exposition où l'on peut voir, notamment, des portraits de Lucien Guitry, Yvonne Printemps, Anatole France, Claude Monet... « J'adore la peinture, sans illusions, dit Sacha. C'est un passe-temps qui m'amuse et je n'y attache pas d'importance ».

Sonia Delaunay
D'origine russe, mariée au peintre Robert Delaunay, elle a poursuivi avec son mari – qu'elle influence – des recherches sur la couleur. Créatrice d'objets, de vêtements, de tissus aux formes géométriques et colorées, elle accorde la même primauté aux couleurs dans ses compositions picturales où carrés et losanges se mêlent aux formes circulaires, comme par exemple dans ce *Groupe de femmes.*

EN DEUX MOTS...

A Berne, exposition de l'œuvre très importante du peintre suisse-allemand Ferdinand Hodler (1853-1918) : 892 toiles réunies au Palais des Beaux-Arts.

Commémoration en juillet à Valenciennes du bi-centenaire de la mort (à 37 ans) du peintre Antoine Watteau : expositions, conférences, représentations de gala de Rameau et de Marivaux, fêtes populaires avec chants et danses.

Modèle et peintre
C'est au contact des plus grands artistes, comme Renoir ou Toulouse-Lautrec, dont elle a été modèle, que Suzanne Valadon, la mère du peintre Utrillo, a commencé à dessiner. On retrouve ici, dans *La famille Utter* le trait ferme et appuyé et la densité des couleurs cernées de noir qui caractérisent son réalisme un peu agressif.

Dunoyer de Segonzac
Influencé à ses débuts par l'impressionnisme puis par Cézanne, il échappe à la tentation du cubisme, tout en recherchant une logique des formes, et il maçonne ses toiles avec vigueur. Après guerre, alternent les paysages d'Ile-de-France, aux harmonies sourdes, et ceux du Midi, plus colorés, presque fauves. De cette époque, cette composition : *Les baliveaux.*

Henri Bouet et l'art religieux
Cette *Sainte Thérèse de l'Enfant Jésus,* modèle en plâtre patiné dû au sculpteur caennais Bouet, est exposée cette année à Paris, au Salon des artistes français. On trouve, dans l'église Sainte-Catherine de Honfleur, la même statue en bois de la sainte (qui ne sera canonisée qu'en 1925).

Les « géantes » de Picasso
Peint au cours d'un séjour à Fontainebleau, ce tableau des *Trois femmes à la fontaine* est significatif d'une période de l'artiste : peinture volontiers antiquisante et d'aspect monumental.

En trois dimensions
La manière cubiste de Jacques Lipchitz se retrouve dans cette *Étude pour un bas-relief.* Arrivé à Paris en 1909, le sculpteur lituanien s'était lié avec les cubistes, assimilant leurs recherches dans des œuvres très modelées.

Zadkine
Fixé lui aussi à Paris en 1909, le sculpteur russe Ossip Zadkine découvre le cubisme à Montparnasse. Travaillant en taille directe (bois, pierre) ou pour le bronze, sa synthèse des volumes dénote aussi l'influence de l'art nègre. Ici, sa *Femme à l'éventail.*

Feininger
Lorsqu'il peint cette *Architecture II,* Lyonel Feininger est professeur au Bauhaus. Né à New York, il a rencontré le cubisme à Paris chez Delaunay. Sa peinture va se styliser.

Sem et la mondanité
De son vrai nom Georges Goursat, le célèbre caricaturiste du Tout-Paris et des lieux à la mode (Longchamp, Deauville, Monte-Carlo) en donne une image élégante et satirique. Ici, croqué par Sem, *Le roi d'Espagne à Auteuil,* exposé au Salon des humoristes.

Un Gainsborough de 10 millions
L'enfant bleu, peint vers 1770 par Gainsborough, le chef-d'œuvre de l'artiste britannique, a été acheté par des collectionneurs américains, les frères Duveen, au prix fantastique de 10 millions de francs (avec, en prime, le *Portrait de Mrs Siddons* par Reynolds). La presse s'émeut de voir tant de trésors artistiques quitter le vieux continent.

Retour au cubisme
Dans cette même année où il peint ses femmes monumentales, Picasso démontre avec *Les trois musiciens* que l'expérience cubiste est loin d'être oubliée. Il en exécute même deux versions en même temps, légèrement différentes, qui constituent le feu d'artifice du cubisme synthétique et la synthèse des prouesses picassiennes.

Vous avez dit « dadaïste » ?
Au mois de mai, Max Ernst expose à la librairie « Le sans pareil », avenue Kléber, des tableaux et sculptures incompréhensibles. Les « critiques bourgeois » se fâchent : c'est la consécration attendue. ***De g. à d. : Breton, Soupault, Hilsum, Péret, Charchoun.***

EN DEUX MOTS...

Au sommet de l'Hartmannsweilerkopf – le sommet alsacien du Vieil-Armand –, un splendide monument du sculpteur Antoine, à la gloire du 152ᵉ régiment d'infanterie, a été inauguré le 3 juillet.

Projet d'arc de triomphe de la Voie sacrée, à la sortie de Bar-le-Duc, en direction de Verdun : une voûte de 16 mètres de haut, en granit rouge d'Alsace, immortalisera à son point de départ « le chemin de la Souffrance, de la Mort et de la Victoire ». On lira à son fronton : « Aux combattants du Droit, aux héros tombés pour la liberté de l'Univers ».

Le réalisme de Fernand Léger
Avec cet *Homme au chien* on voit que le peintre n'hésite pas à prendre délibérément « le sujet dans l'époque » (c'est dû à l'expérience de la guerre). Dans les années 20, scènes d'intérieur, vues urbaines et natures mortes se succèdent, caractérisées par une rigueur dans les formes et les plans de couleur qui n'est pas sans rapport avec le néoplasticisme de Mondrian.

Cappiello sait tout faire
Dessinateur, affichiste et peintre d'origine italienne et d'esprit bien parisien, Léonetto Cappiello a collaboré à des journaux satiriques comme *Le Rire* et *L'Assiette au beurre.* Mais il est surtout populaire par son dessin vif et élégant, associé à des couleurs éclatantes, qui renouvelle l'art de l'affiche publicitaire. On connaît moins ses tableaux, ses cartons de tapisserie et ses décorations murales.

Le cheminement d'Herbin
Ce *Relief de bois polychrome* est révélateur de la manière d'Auguste Herbin. Après les étapes successives de l'impressionnisme, du fauvisme et du cubisme, il s'engage vers 1920 dans l'abstraction vigoureuse fondée sur l'articulation de formes géométriques simples.

L'humour de l'art

Rire, sourire... et grincements de dents. Les humoristes ne sont pas tendres avec le sexe faible mais on leur pardonne car ils ont du talent et de jolies trouvailles. Et puis, n'y en a-t-il pas pour tout le monde ? Témoin cette bande dessinée dont le malheureux Albert Thomas bien que « patron du travail » fait sans doute injustement les frais.

– *Les spécialités de la maison... ce sont les poissons et les poires, Madame !*
Dessin de Vadas pour *Le Rire*.

Couverture de Léo Fontan pour le numéro du samedi 5 mars (ci-dessous).

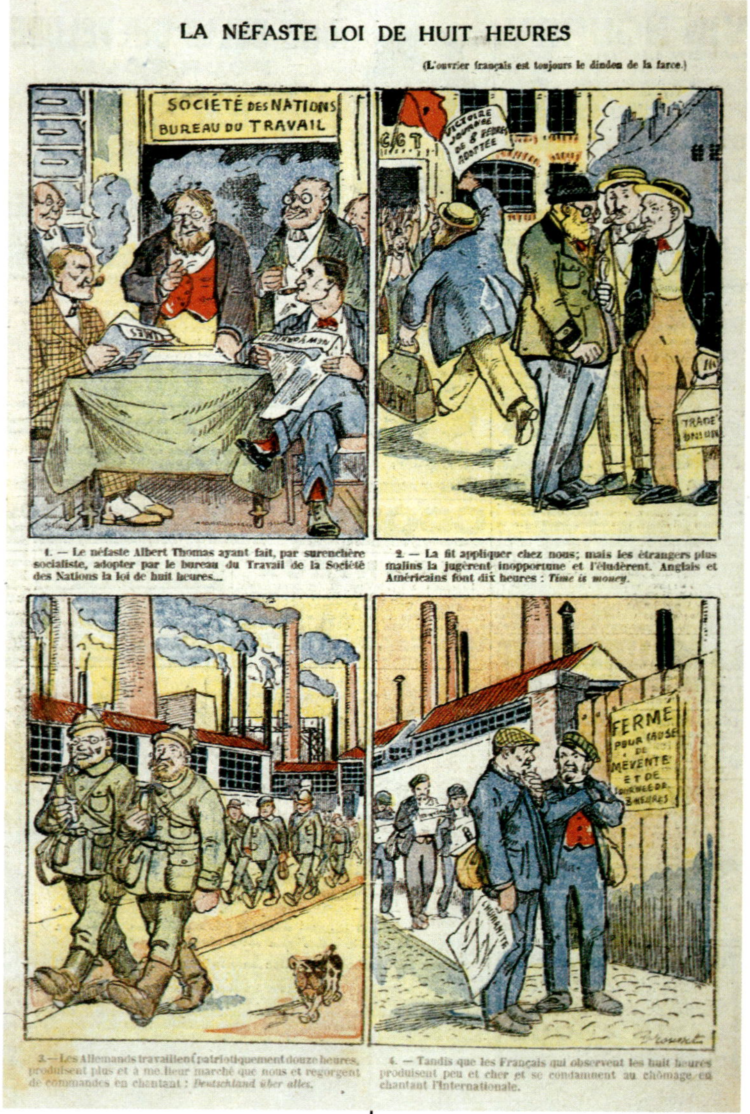

– *Quelle dinde ! Elle nous a pris pour des poules !*
C'est tout dire... signé **A. Vallée pour** *La Vie Parisienne*

– *Je n'ai jamais pu apprendre à nager : tout mon talent se borne à faire la planche.*
– Oh ! Moi... il me suffit de faire les planches.

Amusante composition de G. Gesmar, un habitué de *Fantasio* (15 février 1921)

Jeudi 10 septembre. Prix un franc. 23e année, no 226 *Sous la brise*, couverture de F. Rebour.

La veuve Joyeuse

– *Allez plus lentement... Vous ne voyez donc pas que je suis veuve.*
Illustration de Marcel Vertès pour *Le Rire*.

Le dessin ci-contre est signé A. Vallée pour *La Vie Parisienne*.

Inventaire

Rien n'égale la réclame, les annonces, les affiches, pour donner le portrait vivant de la vie quotidienne. Cette année, l'automobile prend une importance croissante et l'invitation aux voyages appelle à visiter la France, l'Afrique du Nord, l'étranger. Chez soi, le progrès technique s'intéresse aux loisirs comme aux travaux ménagers : téléphones, gramophones, aspirateurs électriques investissent les foyers. Et dans les bureaux on s'équipe pour le confort des jolies secrétaires.

Une réclame de Fernand Couderc, pour le champagne Rayon d'Or, qui associe « extra dry » et « grande vie » de la manière la plus traditionnelle.

Pour Prunier un dessin très « parlant » de Pierre Falize : poisson, huîtres et coquille Saint-Jacques rappellent précisément les spécialités du fameux restaurant.

« 250 F pour un tailleur, 200 F pour un complet, cela semblait impossible. Pourtant le miracle est réalisé » annonce High Life Tailor, dont les modèles se verront bientôt « sur tous nos élégants et toutes nos élégantes, heureux d'être habillés au goût de leur personne, au goût de leur fortune, donc au double goût du jour ! ».

Les annonces des Galeries Lafayette, axées sur des ventes saisonnières, se targuent d'offrir « le meilleur marché de tout Paris ». Est-ce une promesse de marchand de tapis ?

Ces deux affiches de Cappiello, pour l'apéritif Campari et pour le café Martin sont révélatrices du style du grand dessinateur : on y retrouve la même arabesque gracieuse au centre de la composition.

Spring, auteur de cette affiche insolite, n'a pas hésité à représenter un « vrai » faune velu aux pieds de chèvre pour faire mousser le savon.

Noir ou vert, entier ou brisé, le thé entre peu à peu dans les habitudes françaises et la publicité s'y emploie activement.

Une nouvelle idée de Citröen : des modèles réduits de ses voitures qui contribuent à leur notoriété (ici la nouvelle torpédo 10 CV).

Annonce-devinette pour Botot, qui parfume l'haleine depuis 1755 : quel est ce dentifrice utilisé par les animaux ?

Une élégante composition pour les torpédos Renault : des modèles d'une conception d'avant-guerre – même la 40 CV 6 cylindres – mais d'une solidité incomparable.

Des Merveilleuses du Directoire aux Élégantes de 1921, le brûle-parfums, accessoire indispensable des cinq à sept romantiques.

L'automobile possède ses revues spécialisées : ici, le mensuel *Omnia,* dirigé par Baudry de Saunier.

Graphisme original pour les chaussures Cecil, une marque en vogue qui descend du Nord.

Le cadre de travail, lui aussi, se modernise, et les annonces se multiplient pour le matériel de bureau.

Couverture de circonstance pour le numéro de décembre de la revue féminine *Nos Loisirs*, dessiné par Hemjic.

Dans un numéro de juin du *Sourire*, réclame pour Larsen, « first class tailor » : en matière de vêtements chics, l'anglomanie fait prime.

Le nouveau bureau idéal : téléphone, machines à écrire, classeurs métalliques, et même un radiateur électrique.

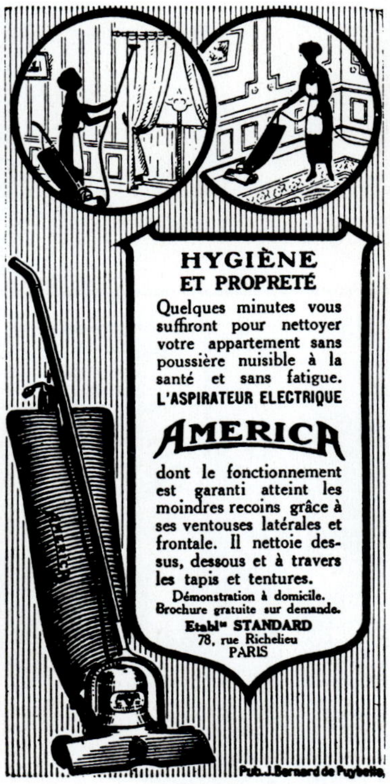

L'aspirateur électrique : une invention audacieuse, mais bien séduisante avec ses « ventouses latérales et frontale » qui atteignent les moindres recoins.

Complément obligé de la machine à écrire, dans ce dessin de F. W. Reau pour Remington : une dactylographe blonde, très hollywoodienne.

Cuisiner à la Végétaline, c'est manger français, puisque cette matière grasse est extraite des noix de coco, une richesse de nos colonies.

Le sel Clarks fait-il vraiment maigrir ? En tous cas, sa réclame ne fait guère honneur au niveau d'intelligence de ses clientes !

Dessin de Georges Conrad pour la revue *Omnia*. L'automobiliste en panne pourrait se dire : « si j'avais utilisé les Spidoléines, tout baignerait dans l'huile ! »

Le fabricant de carburateurs s'appuie déjà sur une notoriété qui se passe, dit-il, de commentaire.

Curieuse et surprenante publicité, d'inspiration militaire, pour le pneu Goodrich, « l'idéal du touriste » : les souvenirs de la guerre ne sont pas encore bien loin.

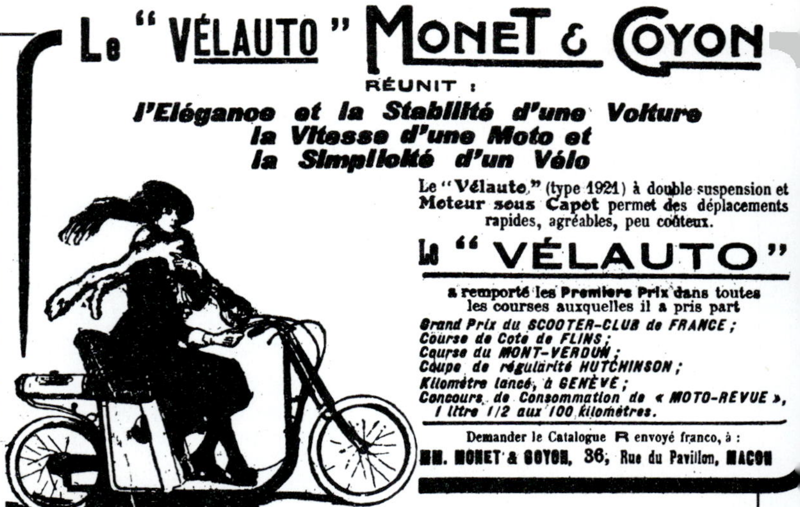

Le « vélauto » de Monet et Goyon devrait intéresser les dames : avec son moteur sous capot, c'est un véhicule propre, à l'encontre des autres « scooters ». Consommation : 1 litre 1/2 aux 100 kilomètres.

En silhouette, le dernier paquebot de la Cie de Navigation Sud-Atlantique, le *Massilia*, lancé en 1920 : 15 147 tonneaux, 182 mètres, 26 000 chevaux, 20 nœuds.

Pionnier de la publicité, Michelin voit son nom partout grâce à son fameux guide, véritable bréviaire de l'automobiliste. **Dessin de M. Grand'Aigle pour la revue *Omnia*.**

Un dessin de Fernand Couderc pour la nouvelle limousine 14 CV Peugeot : confort avant tout.

Le Touquet et sa publicité attirent les baigneurs du week-end.

De Dion-Bouton, le prestigieux constructeur, pionnier des huit cylindres dès 1910, fabrique aussi des bicyclettes.

Cette autre publicité Goodrich évoque d'autres campagnes et d'autres problèmes.

Une ville prestigieuse mais aussi un train de luxe, le « Rome Express ».

Quoi de plus efficace qu'une belle affiche pour inviter le touriste à échanger les brumes de l'hiver contre les paysages ensoleillés du Maghreb.

Le constructeur lyonnais des automobiles La Buire n'économise pas les arguments pour vanter les performances de sa voiture. Une voiture qui sort de la rue de Monplaisir ne peut pas décevoir.

Les lectrices de La mode *trouvent dans leur magazine des patrons à décalquer.*

Pour les hommes : veston cintré, chaussures pointues, guêtres blanches.

La mode aux courses : à Chantilly, au mois de juin, pour la première fois depuis la guerre, on court à nouveau le Prix du Jockey-Club. Le succès sportif est aussi un succès mondain comme en témoignent les toilettes d'été photographiées au pesage.

Manteau du soir de Worth, qui habille les cours princières d'Europe.

Manteau du soir, taillé dans un velours à impression bleue et rouge de Bianchini.

L'éternel féminin

1921 est une année-charnière, qui voit se modifier profondément la mode féminine. La ligne tonneau, en faveur depuis 1917, va disparaître au profit de robes plus étroites, drapées ou droites, formant une ligne tubulaire. Une nouvelle mode qui se rapproche de la définition proposée alors par le couturier Lucien Lelong : « sport, simple et jeune ». Sans corset, les cheveux courts, la femme émancipée par la guerre ne réintégrera plus jamais ses robes ni son rôle d'antan. La silhouette rectangulaire de la garçonne se profile à l'horizon.

Si l'on excepte quelques robes de style, on peut dire que cette année la ligne véritable est la robe droite, allongeant la silhouette, avec la taille placée très bas, ou même sans taille.
Pour égayer cette ligne stricte, on porte des ceintures d'une grande fantaisie, des grandes écharpes de satin velours ou de crêpe et des chaînes d'orfèvrerie, d'ivoire, de corail, de jade ou d'ébonite.

Pour la danse, c'est encore la robe cloche qui donne le plus de satisfaction. Le taffetas a retrouvé un regain de faveur. Le décolleté reste accentué dans le dos, plus modéré sur la poitrine, dégageant le galbe des épaules.
Le succès de la cape est menacé par certains manteaux d'influence orientale. On porte des gants à crispin en daim avec une large manchette mousquetaire dentelée,

Élégance et sobriété au Grand Prix de Longchamp.

« Ève, ayant découvert le boa, choisit sa première fourrure » : **Dessin de Martin pour *Fantasio*.**

LE PARC EN DÉCEMBRE

TAILLEUR DE DOEUILLET

A Palm Beach : un tailleur de plage de Worth, dessiné par George Barbier pour La Gazette du Bon Ton.

LA VOIE LACTÉE

ROBE ET MANTEAU POUR LE SOIR, DE WORTH

et, dernière nouveauté, des souliers en peau de serpent.

Moins de tissus bourrus, mais des cachemires et des crépons de laine pour les petites robes. L'astarté et le kasha sont en vogue. Pour les tailleurs classiques : piqués de laine et grosses popelines.

Les gris et beiges continuent à faire concurrence au bleu marine et au noir et blanc.

LES PLAISIRS DE LA CAMPAGNE

ROBE DE PAUL POIRET

Sous le titre « Les plaisirs de la campagne », A.E. Marty a dessiné cette robe de Paul Poiret pour La Gazette du Bon Ton. *On reconnaît, dans cette création du grand couturier, la silhouette fluide qu'il donna à la femme dès avant la guerre en proscrivant le corset qui sanglait la taille et les hanches.*

Ci-dessous : février à Longchamp, où l'élégance n'attend pas le nombre des années...

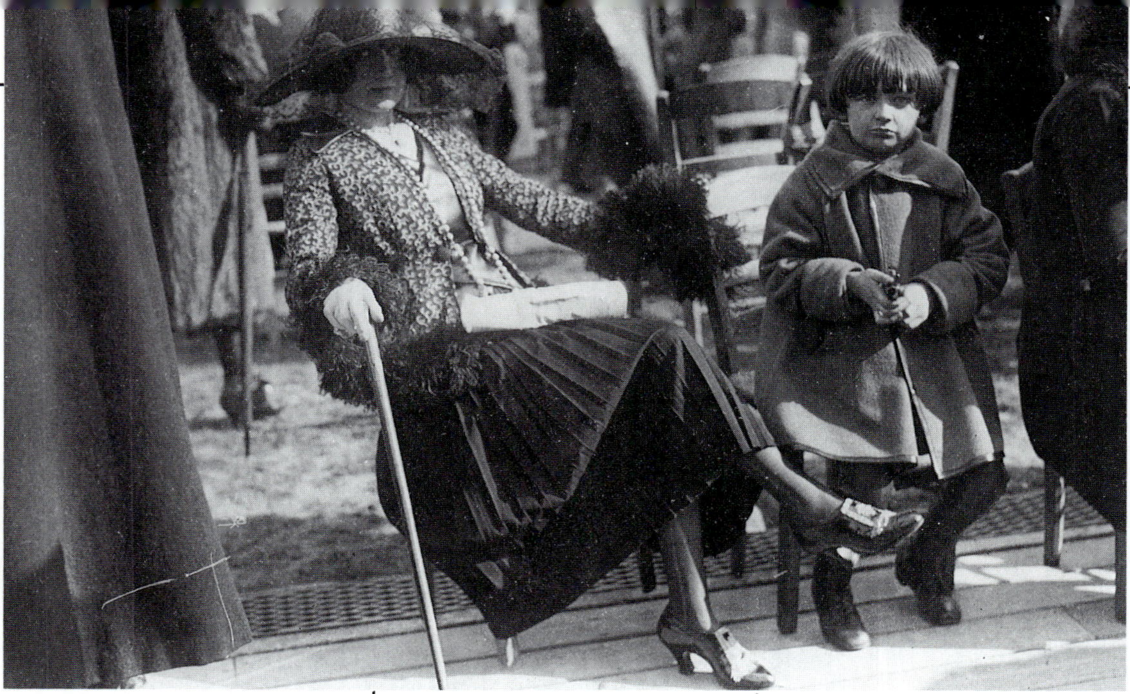

Ce qui se porte en mars pour les courses d'Auteuil. Le spectacle est autant au pesage que sur l'hippodrome.

"TU VAS TROP VITE, MAMAN..."

TAILLEUR ET ROBE DE FILLETTE DE JEANNE LANVIN

Les collections de printemps confirment la tendance aux robes très allongées. Pour les femmes minces, de nouveaux tailleurs fantaisie avec paletot-sac, à porter avec des gilets à pointes Louis XV, ou coupés droits à la taille. On trouve des gilets en ciré noir, en daim peint à la gouache, en cachemire et même en toile de Jouy.

Avec le tailleur, la blouse redevient un détail important de la toilette. Pour compléter la silhouette fine et élancée, une vaste capeline, un large chapeau, ou une cloche ombrageant le visage sont seyants.

Le soir on porte des manteaux d'une grande liberté d'invention, des capes légères et transparentes, ou des châles de soie lamée. Fantaisie coûteuse : un manteau de chevreau blanc glacé bordé d'une frange de singe, remarqué à Longchamp, parmi les fraîches toilettes d'organdi, les tailleurs blancs, les capelines chargées de fleurs.

DANSONS LA CAPUCINE

ROBE D'ÉTÉ ET ROBES D'ENFANTS, DE JEANNE LANVIN

Signé Lanvin

C'est en 1889 que Jeanne Lanvin – elle a tout juste vingt-deux ans – s'installe faubourg Saint-Honoré. Quarante ans de métier ont fait de « sa » maison un des hauts lieux du bon goût et de ses modèles une mine pour les couvertures de la populaire *Gazette du Bon Ton.* Innovation spectaculaire, le rayon pour enfants est lui aussi très couru.

Pour les grands soirs, pas de soucis, Mesdames. Worth, Lanvin, Poiret et autres créateurs veillent sur votre élégance.

Sports d'hiver, sports d'été, la mode a ses exigences. *Fémina* inaugure l'année par une très élégante couverture de Lorenzi. Au prix provisoire de 4 F, pourquoi s'en priver ! *La Vie Parisienne*, elle, attend le printemps pour présenter la vie des courts signée Paul Vincent.

Ci-dessus : « Loin des gêneurs » composition d'A. E. Marty pour illustrer le camping en auto ; le maillot de bain tout simple a gagné la partie.

En haut : toilettes d'été à la grande semaine d'Auteuil. On voit ici, après l'arrivée des drags sur la pelouse de l'hippodrome, le défilé de leurs occupants qui traversent la piste sur le traditionnel plancher de bois pour se rendre aux tribunes. Dans l'enceinte du pesage, la véritable élégance est celle qui ne se fait pas remarquer. Les robes, partagées entre les nuances claires et le noir, descendent, pour la plupart, aux chevilles. Pour les hommes, c'est le triomphe du haut de forme gris, consacré par le président Millerand.

La mode d'été

L'été confirme les promesses du printemps. Allongement des jupes, triomphe du jaune – dans les nuances soufre, citron, bouton d'or et abricot –, retour offensif du mauve.

Inattendu : l'emploi de la fourrure sur les robes estivales, par exemple, la taupe, souple comme de la soie. Et voici l'organdina, irisé par tissage deux tons ou brodé de fils d'argent, qui renouvelle l'aspect de l'organdi.

A la mer, le blanc l'emporte. Pour la toilette de plage, qui doit être

chaude et légère, on note le costume sport en buracotta, la cape en perlaine, le costume de reps, le casaquin de kashavella. Le maillot de bain en jersey, très souple, est préféré par les vraies nageuses à la tunique classique.
Pour la campagne, l'organdina et la linetta, tissus frais et glacés, composent des robes de jardin délicieuses mais fragiles. Plus solides : les classiques indiennes, cretonnes à grosses fleurs, toile de Jouy à motifs rustiques.
Pour voyager, on porte un grand manteau ample et confortable, un petit tailleur strict, ou encore un costume de coupe semi-masculine que recouvre une mante de voyage en lainage moelleux et léger.

En haut, à gauche : la saison des courses commence et la fourrure s'impose.

En haut, à droite : à Chantilly pour le prix du Jockey Club, couleurs claires et sombres s'affrontent, comme les chevaux.

En bas, à gauche : en juillet, à Deauville, sur les planches, les nouveaux maillots de bain attirent la curiosité.

Instantanés

Eglise à vendre
Annonce inhabituelle dans le *Journal d'Evreux* du 24 mars. L'église de Longuelune est à vendre et à emporter. La municipalité veut installer un lavoir à sa place. Vingt jours aux familles pour faire déguerpir les morts. Seul un miracle, ou un mécène, pourrait la sauver. Avis aux amateurs...

L'église à vendre.

JOURNAL D'EVREUX

PISEUX — EURE

ANCIENNE ÉGLISE NORMANDE

A VENDRE — *A ENLEVER*

en la mairie de PISEUX (Eure) par adjudication publique, le 24 avril 1921, en 4 lots, savoir : [à 15 heures.

1er lot. — Eglise et clocher, maçonnerie, pierres, 275 **m3.**
Pavage : 3,000 carreaux.
Couverture : 20,000 tuiles.
Charpente cœur de chêne *en bon état* composée de nombreuses et belles pièces.
Volume total, 31 **m3.**
Mise à prix : **4,850** francs.

2e lot. — Cloche : diamètre 0m65, haut. 0m55.
Mise à prix : **1.000** francs.

3e lot. — Mobilier ancien : 12 pièces principales.
Mise à prix : **350** francs.

4e lot. — 13 arbres en grume. Volume 14m3.
Mise à prix : **700** francs.

Pour visiter et prendre connaissance du cahier des charges, clauses et conditions, s'adresser à la mairie tous les jours, dimanches et fêtes exceptés, de 9 heures à 16 heures.
18090

Une mère décore son fils
Cérémonie émouvante le 13 août, à Landerneau dans le Finistère. Mme Outin, infirmière en chef de la Croix-Rouge, nommée chevalier de la Légion d'honneur pour son dévouement pendant la guerre, décore son fils, officier, lui-même récemment promu.

Un lancement à Saïgon
Il s'agit du streamer *Albert-Sarraut :* 85 mètres de longueur, 12 de largeur, 6 000 tonnes de déplacement. La tôle brute est venue des États-Unis, et comme il n'y avait pas de cale, on en fit construire une en béton. Cinq cents ouvriers indigènes ont participé à la construction du navire, lancé en avril. Par cet acte, l'administration coloniale marque sa volonté de faire de l'Indochine un État à part entière.

France - Etats-Unis

Même si le vingt-neuvième président des Etats-Unis, Warren Harding a adopté une politique opposée à celle de Woodrow Wilson, le baromètre reste au beau fixe entre le coq gaulois et l'oncle Sam. Echanges politiques, économiques, culturels, scientifiques, sont à l'ordre du jour entre les Etats-Unis et la France.

Foch à New York
Le 28 octobre, à deux heures de l'après-midi, précédant d'une dizaine de jours le président du Conseil français, le maréchal Foch est arrivé aux Etats-Unis sur le paquebot *Paris*. Floraison de drapeaux, hourras frénétiques poussés par un million d'hommes et de femmes, lui font une escorte multicolore et sonore dans les rues de New York. Il n'y reste que le temps d'une brève cérémonie au City Hall où il est reçu par le maire, M. Hylan. A Washington, le président Harding accueille le maréchal Foch par ces mots : « Je salue en vous le plus grand soldat de tous les temps et l'homme qui nous a conduits à la victoire ». Quand on sait combien l'enthousiasme américain sait être grand, le maréchal français ne pourra que garder un souvenir radieux de son périple aux Etats-Unis.

Le 28 avril, à bord du cuirassé Pennsylvania *le président Harding harangue l'état-major de la marine.*

Le Sammy inconnu
Le 24 octobre, à Châlons-sur-Marne, le sergent Younger désigne celui des quatre cercueils qui, dans son pays, portera l'inscription : *« Un Américain inconnu qui donna sa vie dans la guerre mondiale ».* Amené au Havre, le corps, placé dans un cercueil d'argent, est porté à bord du croiseur *Olympia* qui appareille le lendemain, à 15 h 30, escorté par des bâtiments français.

Marie Curie aux Etats-Unis
L'initiative de Mrs Brown-Meloney a porté ses fruits. Marie Curie reçoit des mains du président Harding le gramme de radium acheté avec la souscription.
Réparti dans dix tubes, le précieux élément a été placé dans un coffret portant ces mots : « Offert par le président des Etats-Unis, au nom des femmes d'Amérique... **La Maison-Blanche, le 20 mai 1921** ».

Délégation française.
Arrivés à New York le 7 novembre, voici les membres de la délégation française de la Conférence de Washington : de gauche à droite MM. Viviani, Fournier-Sarlovèze, Briand, général Buat, Jusserand, Berthelot, Sarraut.

Mrs W. Brown Meloney
A l'occasion d'un voyage sur les lieux où son fils, soldat, avait trouvé la mort, cette Américaine rend visite à Marie Curie. Etonnée d'apprendre que celle-ci ne dispose pas d'assez de radium pour poursuivre ses expériences, elle lance aux Etats-Unis une souscription dont le titre est : *Fonds de Mme Curie.*

LE COFFRET DE RADIUM

Ce sont les femmes américaines, et elles seules, qui ont permis de réunir les 250 000 dollars permettant l'achat de ce radium que Mme Curie a rapporté avec elle, pour son laboratoire de la Sorbonne.

Le président aux champs

Parmi ces vacanciers devant leur cabane forestière en rondins, on peut reconnaître dans le groupe de gauche : Henry Ford, Thomas Edison, le président Harding et Harry S. Firestone. Cette scène sympathique se déroule près de Pecktonville (Arizona), dans l'un des domaines forestiers du célèbre constructeur d'automobiles de Détroit.
On est loin ici de la rigueur figée du protocole européen. Après avoir pris un thé préparé par Mme Ford, le président Harding, en bras de chemise, lit un magazine tandis que le non moins célèbre physicien Thomas Edison - inventeur du phonographe et de la lampe à incandescence – fait une petite sieste dans l'herbe : une entorse aux habitudes de cet homme qui ne dort jamais plus de quatre heures par nuit. Le soir venu, tous vont se retirer sous la tente.
Néanmoins, même au milieu de la forêt, le président Harding n'oublie pas de régler les affaires de son pays : il a emmené avec lui son secrétaire particulier, George Christian.

Insolites

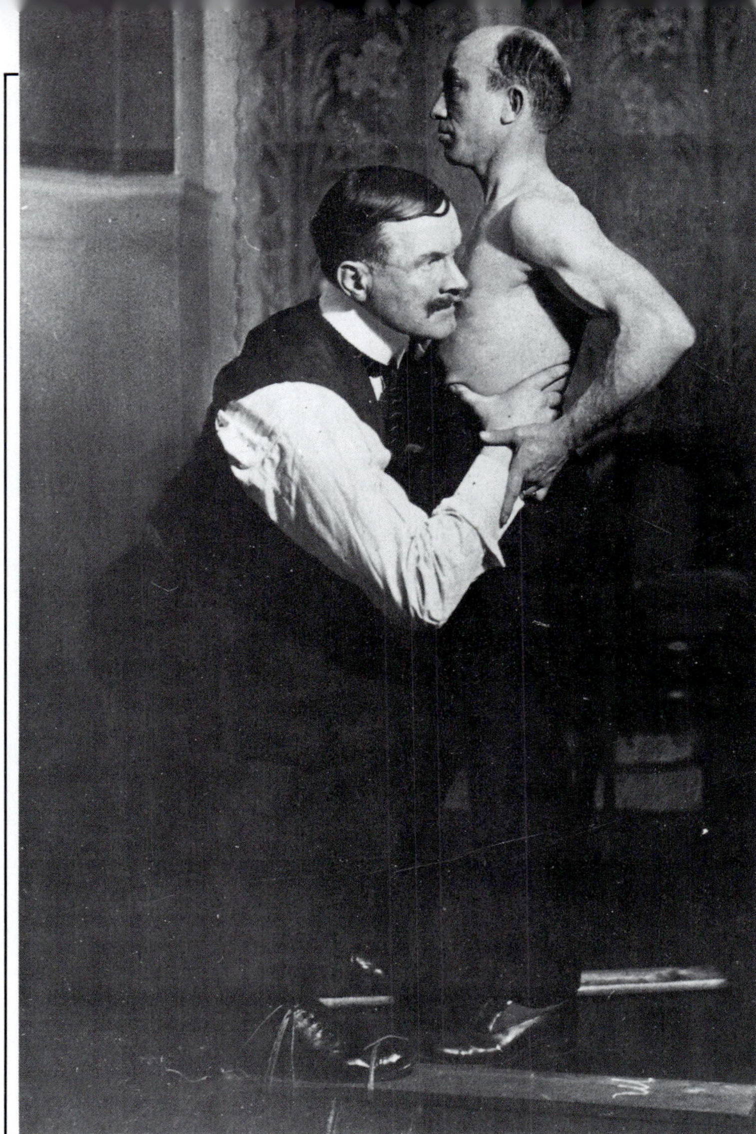

L'homme insoulevable
Le mystère reste entier au terme d'expériences effectuées à l'Institut général physiologique : l'athlète J.-J. Renaud – ayant fixé à ses pieds deux longues planchettes pour améliorer sa sustentation – tente en vain de soulever Johnny Coulon, qui oppose à ses efforts la seule force de son influx nerveux.

LE GRAND Hebdomadaire Illustré
DE LA RÉGION DU NORD DE LA FRANCE

25 CENTIMES le Numéro

Bureaux : 77, Rue Nationale, LILLE
Les annonces sont reçues au Bureau du Journal, à Lille, et à l'Agence Parisienne de Publicité, 78, rue de Richelieu, Paris.
ABONNEMENTS (Nord et Limitrophes), **12 francs** par an.
Autres départements français, **13 francs.** — Etranger, **15 francs.**

L'ENCOMBREMENT DES TRAMWAYS A LILLE

UN TRAMWAY A SON PASSAGE PLACE DE LA RÉPUBLIQUE

Les tramways surchargés
A Lille, l'encombrement des tramways aux heures d'affluence est tel que les voyageurs n'hésitent pas à s'installer sur les marchepieds et même sur les pare-chocs. On s'accroche comme on peut, ainsi qu'en témoigne ce tramway complaisant qui traverse la place de la République.

Mariage humoristique
Dans les guinguettes de Robinson, sur les bords de la Marne, qui, dès les beaux jours, accueillent les Parisiens, la traditionnelle promenade à âne s'impose, même pour les mariages. En voici un qui pourrait raconter bien des choses.

La Coupe de la brouette
Pour la première fois depuis la guerre, la Fête des Caf' Conc' s'est déroulée à nouveau, au stade Bergeyre. Au programme de cette manifestation – où Mistinguett était venue donner le départ d'une course de dames – figurait une course de brouettes avec passagères : le règlement ne précisait pas s'il s'agissait de femmes légères.

Paris, ville-lumière
La capitale mérite son nom, même dans les plus petits détails. Témoin, sur le terre-plein du théâtre de l'Ambigu, cette vespasienne conviviale à six places, surmontée d'un candélabre, qui répond lumineusement aux besoins des promeneurs.

La concierge veille
Bien rares sont les immeubles parisiens, même les plus modestes, qui n'ont pas leur concierge. La « pipelette » – surnom familier tiré des personnages de M. Pipelet, dans « *Les mystères de Paris* » d'Eugène Sue – qui règne sur ses locataires, est un personnage-clef de la vie urbaine.

Les forçats de la route

Paris-Tours, Tour de France, Paris-Brest et retour... Les rois de la petite reine mettent le grand braquet. Les Français apprennent à connaître un Belge, Léon Scieur, grand vainqueur du Tour de France.

Paris-Tours
Cette année, la grande classique a été particulièrement pénible pour les coureurs. Le mauvais temps a en effet sévi pendant toute la durée de l'épreuve. Selon les prévisions, les 342 kilomètres devaient être parcourus en 13 heures. La pluie, qui n'a pas cessé de tomber, a fait perdre aux concurrents près de 2 heures : Francis Pélissier, que l'on voit ici dans la traversée de Château-Renault, n'a pu couvrir la distance qu'en 14 heures 56 minutes 32 secondes. Le second est Mottiat, à 1 minute 32 secondes. Même parmi les grands noms, les abandons ont été nombreux : entre autres, Alavoine, Lambot et Henri Pélissier, le frère du vainqueur...

Le Tour de France

De grands absents à l'édition 1921 du Tour de France : les frères Pélissier. Aussi les Français attendent-ils beaucoup de Jean Alavoine. Mais celui-ci, usé par les Six Jours de New York et ceux de Paris, par Milan-SanRemo, Paris-Roubaix, Bordeaux-Paris, s'effondrera à la troisième étape. Un Belge, Léon Scieur, va tenir la vedette sur les 5484 kilomètres du parcours en 15 étapes dont l'une, Les Sables-Bayonne, de 483 kilomètres et remporter la victoire en 221 heures 50 minutes 26 secondes. Moyenne : 24,720 km/h.
A la deuxième place, un autre Belge, Victor Heusgem, à 18 minutes 36 secondes. Scieur ne fut en difficulté qu'une seule fois : dans la 14e et avant-dernière étape Metz-Dunkerque, les rayons de sa roue arrière se brisèrent... onze fois.

Le ravitaillement : la longueur des étapes impose de fréquents arrêts. En haut, au centre, à Abbeville dans la 15e étape du Tour. A droite, à Château-Renault, dans Paris-Tours.

Encore un Belge, dans les trois premiers : Barthélémy (ci-dessus).

« C'est le hasard d'un silex pointu qui décide des places à l'arrivée. »
Le Directeur du Tour.

Ci-contre, M. Charles Ott, dispensateur de pneus aux coureurs du Tour.

Paris Brest... et retour
Le 2 septembre, Charles Terront, vainqueur de la première édition en 1891, donne à 125 coureurs (49 de « vitesse » et 76 touristes-routiers) le départ du quatrième Paris-Brest et retour. L'épreuve – 1198 kilomètres –, se court sans entraîneur, sans soigneur et sans suiveur.
En 1911, l'épreuve avait été remportée par Émile Georget, en 50 heures 13 minutes, soit 23 km/h de moyenne, devant Octave Lapize et Émile Paul. C'est le joyeux belge Mottiat, spécialiste des longues randonnées, qui s'adjuge la quatrième édition en 55 heures 7 minutes 8 secondes devant Eugène Christophe à 23 minutes et Masson, troisième à 30 mètres. L'année précédente Mottiat, ci-dessus à droite, s'était déjà distingué en remportant le premier Critérium des As disputé de Bordeaux à Bordeaux en passant par... Paris. Une promenade de 1 208 kilomètres.

Trouvailles

Le bateau à hélice
En 1907, Santos-Dumont atteignait sur un hydroglisseur la vitesse de 100 km/h près du Pont de Neuilly. Le samedi 5 février, un autre appareil, de l'ingénieur Farman celui-là, fait un peu moins bien : 90 km/h près de Conflans-Sainte-Honorine.

L'auto-sauteuse
Pas de trucage dans ces photographies. Un ingénieur de Blois, M. Georges Gauthier réussit à faire franchir à des voiturettes talus et barrières grâce à sa « suspension propulsive ». Lancé à 35 km/h, le petit véhicule a sauté 1,50 m.

À chacun son ticket
Depuis le 24 mai, un nouvel appareil est en service aux principales stations de tramways, autobus et omnibus (ci-dessus) : un levier permet au voyageur de prendre son numéro d'ordre dans la file. Auparavant, pour être sûrs d'avoir une place, certains passagers indélicats prenaient jusqu'à cent tickets. Avec le système nouveau mis en place, les compagnies économiseront... 300 000 F de papier. Quant aux taxis, ils devront désormais s'équiper du taximètre.

Le mécanisme des étriers du « ouistiti ».

Le Ouistiti grimpeur
Blessé à Verdun, M. Cans, peintre en bâtiment, désespérait de ne plus pouvoir exercer sa profession. Se souvenant de la façon dont on grimpait sur les observatoires d'artillerie, il a mis au point le « Ouistiti ». Présenté le dimanche 2 janvier sous la Tour Eiffel et sur fond de Trocadéro, par M. Cans lui-même, le « Ouistiti » a démontré ses étonnantes possibilités. Sauts en avant, en arrière, suspension par les pieds, la tête en bas, toutes les acrobaties sont possibles sans danger. Le colonel des sapeurs-pompiers, présent aux essais, s'est déclaré très intéressé.

Sécurité ferroviaire

On a procédé le vendredi 28 janvier, sur la ligne Paris-Dieppe, aux essais d'un « appareil automatique de sûreté et de contrôle des trains », déjà en service aux Etats-Unis et en Angleterre. Il comprend un double dispositif, l'un sur la locomotive, l'autre sur les rails. Le contact entre les deux est établi par un sabot. Celui-ci reçoit automatiquement l'un de ces trois messages : voie libre, ralentir, arrêt. Et la locomotive « obéit ».

Un système conçu d'après un souci similaire a été essayé le 8 septembre sur la ligne Bercy-ceinture pour stopper les « wagons en dérive ». Il s'agit cette fois d'une série de sabots placés sur la voie : ils s'accrochent automatiquement aux roues jusqu'à l'arrêt complet.

L'agriculture se mécanise

Au moment où le Sénat est interpellé par le sénateur du Loiret Marcel Donon, sur les « mesures que compte prendre le Gouvernement pour faciliter aux agriculteurs l'écoulement de leur production », s'ouvre sur le cours de Vincennes, une exposition de motoculture. Le jeudi 10 février, M. Lefebvre du Prey, ministre de l'Agriculture, visite les stands où figurent des matériels américains.

Pendant ce temps, dans les champs, le cheval-vapeur se fait une place au soleil. C'est lui qui anime cette charrue, émanation moderne de la machine inventée en 1856 par le Français Albaret. Les acheteurs peuvent se reporter à *Sciences et Voyages* qui présente, en couverture, ce « tracteur qui se conduit comme un cheval ».

N° 116 — 24 pages illustrées. — 75 cent.

SCIENCES ET VOYAGES

Un tracteur qui se conduit comme un cheval.

Dans ce numéro : La richesse du pays de Surinam (la Guyane Hollandaise). — Le traitement des minerais par flottaison. — Le rôle des parfums dans la vie des êtres. — Les mines de charbon du Tonkin. — Le fantôme de l'Atlantique (roman) et un grand nombre d'articles aussi clairs qu'instructifs.

Mort d'un précurseur
Le physicien français Gabriel Lippmann vient de mourir en mer à bord du paquebot *France*. Né en 1845, cet ancien élève de l'Ecole normale supérieure avait soutenu une thèse, en 1875, sur *La Relation entre les phénomènes électriques et capillaires*. Ce fut d'ailleurs l'inventeur de l'électromètre capillaire. On le voit ici (ci-dessus) dans son laboratoire à la Sorbonne. Lippmann s'intéressa également à la photographie : en 1891, il inventa un procédé de restitution des couleurs, à partir des plans d'interférence inscrits au sein d'une émulsion placée au contact d'un miroir formé par la surface d'un bain de mercure. Bien que considérée comme l'une des plus belles réalisations scientifiques dans ce domaine, la « photographie interférentielle » de Lippmann n'a débouché sur aucun procédé pratique.

Images et son
Révolution dans le cinématographe ! Avec le « visiophone », une invention française qui équipe cet appareil de projection, on va obtenir une concordance parfaite entre la vision animée et la musique accompagnant le film. Le cauchemar des chefs d'orchestre est terminé : le *lamento* n'empiètera plus sur la scène joyeuse.

A l'écoute de la T.S.F.
Grâce à cet appareil de transmission sans fil (à droite), les passagers du paquebot *Paris* ont pu entrer en contact avec Ouessant, alors qu'ils en étaient séparés par 900 km.

Dans les laboratoires, on travaille activement à l'amélioration des liaisons radio sous la direction du général Ferrié (ci-dessus). Ses travaux avaient permis, entre 1903 et 1908, à l'émetteur de la Tour Eiffel d'augmenter sa portée de 400 à 6 000 km. Grâce aux recherches menées par le général Ferrié, la radiotélégraphie militaire occupa, pendant la guerre, une place de premier plan ; en 1921, elle conserve cette avance.

La retraite du « Tigre »

Salué par les coups de chapeau des curistes et guetté par les photographes amateurs, l'ancien président du Conseil Georges Clemenceau est venu, durant ce mois d'août, prendre les eaux de Vichy. Au rythme tranquille du bain thermal, du verre d'eau et des promenades au bord de l'Allier, l'étonnant octogénaire a retrouvé ses habitudes d'existence méthodique après un voyage de cinq mois qui l'a mené au pied des Pyramides, puis à Ceylan, à Singapour, à Java, à Bombay et à Bénarès.
C'est par des télégrammes laconiques, envoyés aux siens tous les dix ou douze jours, que l'on a pu suivre son itinéraire en Extrême-Orient, en Birmanie, le long du Gange, sous l'œil des vaches sacrées. Il a fait une excursion à l'endroit où Bouddha a prêché pour la première fois. Puis, chez les maharadjahs, à Kapurthala, Lahore et Bikanir, qui lui ont offert une chasse aux tigres. La presse a reproduit la photo de l'infatigable vieillard souriant derrière les terribles fauves qu'il avait abattus à Gwalior. Enfin, il a visité Peshawar, l'Indus, les passes de Khyber et les champs de bataille d'Alexandre le Grand.

Le 21 mars, Georges Clemenceau est de retour à Toulon à bord du paquebot britannique *Ormonde* de l'Orient Line. Regardant le panorama de la côte française, il déclare : « C'est beau, c'est plus beau que tout ! Et quelle joie d'entendre parler de la France à l'étranger ! On ne tarit pas d'éloges ! » Comme on lui demande s'il fera encore de la politique, il réplique : « Je viens d'un pays où l'on voit partout des statues de dieux qui regardent leur nombril. Cela vaut mieux que de s'occuper de celui des autres ! »

Après les Indes et la chasse aux tigres, une cure à Vichy.

Devant le Palais d'Amber, à Jaipur il préfère la chaise à porteurs aux éléphants.

Un somptueux triplé de tigres pour le président, ici entre les maharadjahs de Gwalior et de Bikanir.

Son retour en rade de Toulon, après cinq mois d'Extrême-Orient. Il va avoir quatre-vingts ans.

Depuis son retour M. Clemenceau est l'objet de nombreux hommages d'admiration en France et à l'étranger. Ainsi, l'Université d'Oxford lui confère le titre de docteur *honoris causa.* Le 22 juin, avec tout le cérémonial accoutumé, le président est fait docteur en Droit civil, entre Mgr Battifol, chanoine de Notre-Dame de Paris, pour le doctorat es Lettres, et le duc de Broglie, pour les Sciences. Revêtu de la toge et du bonnet carré, il est salué en ces termes par le vice-recteur Codley : « Pour vos concitoyens, votre nom est symbole de victoire. La victorieuse Angleterre salue en vous la France victorieuse. »

Mais l'hommage qui touche le plus profondément Georges Clemenceau est le monument qui lui a été élevé dans sa Vendée natale. Le monument se dresse, non loin de Mouilleron-en-Pareds, où Clemenceau naquit en 1841, à Sainte-Hermine. Le groupe, en pierre blanche de Bourgogne, a demandé deux ans de travail au sculpteur Sicard, ami personnel du président. L'artiste s'est inspiré de l'apostrophe célèbre de Clemenceau à la Chambre : « Je fais la guerre ». Qui ne reconnaîtrait ce visage aux moustaches tombantes qui scrute l'horizon, entouré par les rudes faces des combattants qui lèvent leur regard vers lui ?
Le jour de l'inauguration, muet sur ses propres services, Clemenceau n'évoque que la gloire impérissable de nos soldats, appelant à l'union des Français pour faire respecter le traité de paix, cette paix si chèrement payée. Puis, tel un sage de l'Antiquité, il s'est retiré dans sa petite maison de Saint-Vincent-sur-Jard, à quelques mètres de l'océan qui inspire sa méditation, loin de la politique. Celui qui demeure pour tous « le Père la Victoire » se recueille dans la sérénité de la nature et du souvenir.

Docteur honoris causa *de l'Université d'Oxford, entre Mgr Battifol et le duc de Broglie.*

En Vendée, à Sainte-Hermine, il inaugure son propre monument (médaillon).

Face à la bourrasque, il est peint comme l'homme des tempêtes.

Maroc aux deux visages

Innovations en tout genre dans le Maroc de 1921 : mise en service dans le port de Casablanca d'une grande jetée ; courses d'automobiles à l'intérieur du pays et création d'une école militaire à Meknès. Mais des troubles graves viennent endeuiller le Maroc espagnol et agiter le Maroc français.

La digue de Casablanca
Sur le port, les travaux de construction de la grande jetée continuent : 1 500 m sur 1 900 sont achevés. Les passagers pourront mettre le pied à terre directement, comme, en haut, le maréchal Lyautey.

Courses d'automobiles
Un rallye s'est déroulé du 14 au 17 avril : 860 km de Casablanca à Casablanca par Azemmour et Marrakech (ci-dessous). Sur les 27 partants, il y a 10 voitures françaises à l'arrivée.

Saint-Cyr marocain
Le général Lyautey, récemment élevé à la dignité de maréchal, vient de créer, à Meknès, une Ecole spéciale militaire sur le modèle de notre Saint-Cyr. Les sous-lieutenants de la première promotion visitent la France. A Paris, ils sont reçus par le sous-secrétaire d'Etat aux PTT, Paul-Laffont, qu'ils avaient connu lorsque celui-ci était en poste au Maroc.

Pacification
En septembre, sous l'impulsion du maréchal Lyautey, les troupes françaises entreprennent de pacifier la région de Bekrit dont aucun sultan n'avait pu se rendre maître.

Commencée le 4 septembre, l'opération est un succès complet. Pour la mener à bien, il a fallu néanmoins faire appel à l'artillerie, dont les canons de 75 furent – péniblement – hissés jusqu'à 2 000 m d'altitude, mais aussi aux troupes indigènes.

La guerre sainte d'Abd el Krim

Été chaud au Maroc pour les troupes du gouvernement de Madrid. Désireux de venir à bout des rebelles d'Abd el Krim, le général espagnol Sylvestre lance une vaste offensive, le 21 juillet, contre le Rif, bastion et refuge des tribus révoltées. C'est une catastrophe : à Anoual, les Espagnols sont mis en déroute. Le général Sylvestre et plusieurs officiers de son état-major se suicident. Alors, en peu de jours, les Rifains s'emparent d'une centaine de postes militaires, de 129 canons, de 400 mitrailleuses, de 20 000 fusils. Ils font aussi 1 500 prisonniers pour lesquels Madrid verse une rançon. Dans la capitale espagnole, une crise ministérielle éclate.

Des convois de troupes quittent Madrid pour le Maroc, ce qui permet aux Espagnols de reprendre l'offensive. Sur le terrain, les postes militaires qui résistent encore sont isolés les uns des autres. Le 9 août, la citadelle du Mont Arruit, commandée par le général Navarro, tient toujours. Mais, lorsque les colonnes de secours y parviennent à la fin du mois d'octobre, elles découvrent l'horreur : 3 000 cadavres, atrocement mutilés, de combattants, mais aussi d'infirmiers et de médecins, s'entassent les uns sur les autres.

En haut : *renforcement des défenses espagnoles. Avec des sacs de terre, des soldats édifient un blockhaus, sur la route de Melilla.*

Ci-dessus : *malgré l'opposition d'une partie de l'opinion publique, le gouvernement envoie des renforts vers le Maroc.*

Ci-contre : *au Mont Arruit, réoccupé par les Espagnols, un aumônier militaire bénit les corps des soldats massacrés par les Marocains.*

L'attentat contre Gouraud
Cette silhouette altière qui se profile à l'entrée du Krak des Chevaliers est celle du général Gouraud. Le Haut-commissaire français en Syrie est venu visiter la célèbre forteresse abandonnée par les Hospitaliers en 1271. Le 23 juin, la voiture qui transportait le général a été attaquée sur la route de Damas à Kouneitra. Le Haut-commissaire est indemne mais son officier-interprète, le lieutenant Branet, a été tué. L'attentat serait le fait d'individus venus de Transjordanie où, depuis quelques mois, l'émir Abdullah encourage une vive agitation anti-française.

La Foire de Beyrouth
Une des actions consenties par la France en faveur du commerce, la Foire de Beyrouth, fin avril.

Un ministre en Guinée

Le ministre français des Colonies, Albert Sarraut, visite ses colonies. Après Port-Etienne, c'est Conakry, capitale de la Guinée, qui accueille l'envoyé français. Ayant admiré le fromager gigantesque qui orne les quais du port, le ministre s'est rendu au palais du lieutenant-général de la Guinée. Devant la foule rassemblée, Albert Sarraut a prononcé le traditionnel discours dont la teneur a ravi tout le monde : « La Guinée est un peu la Cendrillon de l'A.O.F. On ne parle pas assez d'elle chez nous, et pourtant sa beauté mérite d'être mieux connue et détaillée. Son rôle peut s'étendre et ses progrès doivent s'affirmer. » Pour saluer ces propos élogieux, des joueurs de balafons attaquent une joyeuse *Madelon*.

A tire d'ailes

S'il n'y a pas, à proprement parler, de très grands raids à porter au crédit de l'aviation en cette année 1921, cela ne signifie pas pour autant que les pilotes restent les pieds dans leurs pantoufles. Tandis qu'un Suisse se pose près du Mont Blanc, des Français établissent des liaisons régulières en Indochine. Mais la famille des ailes perd l'un des siens au cours d'un vol d'essai : Bernard de Romanet.

Une première au Mont Blanc
Il est 7 heures du matin, ce 30 juillet au col du Dôme (4 302 m). Deux alpinistes français, dont Henry Brégeault, secrétaire général du Club alpin, en ascension sur le Mont Blanc, entendent un bruit de moteur. Ils aperçoivent un avion décrire un grand cercle et se poser à 100 mètres d'eux. Très calme, le pilote descend de son appareil, un léger Caudron G3 (350 kilos). Il s'appelle François Durafour, Suisse de Genève. Malgré les 3 000 heures de vol accomplies en réceptionnant des avions pour la France pendant la guerre, il avoue ne pas être tenté de recommencer : un violent remous, au-dessus du Grand Plateau, a failli le précipiter dans une énorme crevasse. Durafour remonte dans son zinc dont le moteur démarre grâce à une injection d'éther. Suivi de son ombre, l'avion décolle, vire près de l'aiguille de Bionnasay et, Durafour, après avoir salué les Français, remet le cap sur Divonne via Chamonix.

L'aviation française en Indochine

En Indochine, les voies de communications sont à l'état embryonnaire. Entre Hanoï et la pointe de Cochinchine, il n'existe que trois petites lignes de chemin de fer. L'Annam et le Laos sont hérissés de pics de 2 500 mètres : y construire des routes entraînerait des dépenses hors de proportion avec leur intérêt économique ; le bassin du Mekong est coupé de barrages naturels qui rendent la navigation impossible.

D'où l'intérêt porté par le gouvernement général de l'Indochine à l'aviation. Un jeune officier aviateur, le lieutenant Puypéroux s'est lancé dans l'aventure, en compagnie de son mécanicien, le caporal Chambrier, reliant Hanoï à Thakek, soit environ 1 000 kilomètres à la moyenne de 125 km/h. C'était la première fois qu'un avion atterrissait au Laos.

Rassuré par ce succès, deux fonctionnaires, MM. Le Gallen, gouverneur intérimaire de l'Indochine, et Bosc, résident supérieur au Laos, s'embarquaient, le premier avec le commandant Gleize, le second avec le lieutenant Guertiau pour Thakek. Le Gallen descendit jusqu'à Saïgon – 800 kilomètres en 9 heures de vol. Bosc repartait pour le nord, arrivait à Xieng Khouang, pour regagner Vinh et Hanoï, bouclant un circuit de 1 600 kilomètres à la moyenne de 130 km/h.

Des notables sont venus à dos d'éléphant saluer les pilotes Gleize et Guertiau.

Puypéroux et Chambrier, auteurs d'un vol historique.

Embarquement du gouverneur général intérimaire Le Gallen.

Maicon et son canard
Voici le vainqueur de la course-croisière Monaco-Ajaccio-Monaco du 14 avril. Parti à 7 h 06, arrivé à Ajaccio à 8 h 58, retardé par un retour de flamme qui met le feu à la carlingue, Maicon repart à 12 h 58 mn, et malgré un mistral violent, coupe la ligne d'arrivée à 3 h 19 mn. Son temps est de 8 h 11 mn 9 s 2/5. Ayant également remporté l'épreuve d'altitude, il gagne le prix de 50 000 F.

Roget et sa mascotte
Autres vedettes du Meeting de Monaco, le lieutenant Roget et, tout aussi célèbre que lui, sa petite chienne Folette. Le public se rappelle encore « leur » liaison directe Paris-Rome : 1 500 kilomètres en 9 h 40 mn le 3 avril 1919, car Roget emmène Folette partout avec lui. Hélas, le 13, en effectuant une tentative d'altitude en vue de la course Monaco-Ajaccio-Monaco, Roget, victime d'une panne de moteur, doit amerrir au large. La houle le couche sur le côté droit. L'appareil est submergé et la petite Folette est noyée. Roget et son passager sont sauvés par les concurrents d'une course de canots qui se disputait au même moment dans la rade.

Bernard de Romanet
C'est un grand pilote qui vient de se tuer le 23 septembre à Villesauvage, près d'Etampes. Tout le monde se souvient de ses empoignades avec Casale et Sadi Lecointe pour le record de vitesse en 1920. Son avion volait à plus de 300 km/h lorsqu'une aile se désentoila.

ABONNEMENTS

Trois mois Six mois Un an
FRANCE & COLONIES
4 fr. 7 fr. 50 14 fr
UNION POSTALE
5 fr. 10 fr. 20 fr.

Le Petit Journal
illustré

PARAISSANT LE DIMANCHE
32e Année - N° 1593
On s'abonne dans tous les bureaux de poste
Les Manuscrits ne sont pas rendus

La Locomotion de l'Avenir

Un groupe de onze sénateurs allant rendre visite au ministre de l'air anglais, a pris passage à bord d'un Goliath. Au moment du départ, M. D'Estournelles de Constant, président de la délégation, fait ses adieux à sa fille.

L'invitation au voyage
Visionnaire, le supplément illustré du *Petit Journal* décrit l'avion comme la « locomotion de l'avenir » et lui consacre sa couverture à l'occasion du voyage de onze sénateurs partant rendre visite au ministre anglais de l'Air. Et, à l'intention de ceux qui hésiteraient encore à emprunter le plus lourd que l'air, *L'Illustration* publie dans son numéro du 23 juillet quatre pages de photographies aériennes réalisées par des équipages de la société zurichoise Ad Astra. Pilotes et photographes prennent des clichés d'usines pour la publicité industrielle, pour l'impression de cartes postales ou pour l'établissement de plans et de cartes géographiques. Leur travail est assez éprouvant. Pour les hauts sommets, les pilotes volent entre 5 000 et 5 500 mètres. Quant au photographe, il opère debout à l'arrière dans le vent glacé et sans oxygène. Mais quelle récompense de survoler, tel cet hydravion le lac de Wallenstadt, un paysage d'une si grande beauté !

Le port aérien du Bourget
Londres, Bruxelles, Amsterdam, Varsovie... Les avions se pressent sur l'herbe du Bourget. A gauche, le Paris-Amsterdam fait le plein de passagers tandis que le Goliath Paris-Bruxelles vient de décoller. Au cours du premier semestre, les avions des compagnies françaises ont parcouru 991 884 kilomètres.

Trompe-la-mort
Émotions fortes garanties le 7 janvier au Bourget : un aviateur, Verney (à gauche), essaie un type nouveau de parachute créé par Jean Ors, lui-même aviateur (au centre). A droite, le pilote Risser. Les premières descentes en parachute d'un aéroplane ont été accomplies les 1er et 10 mars 1912, par Berry, à Saint Louis aux États-Unis.

Une drôle de machine
Cet appareil étrange s'appelle hélicoptère. Il est dû à un ingénieur français, Etienne Oehmichen qui, avant de se lancer dans l'aventure de la voilure tournante, avait, aux côtés du général Estienne, rénové l'artillerie et perfectionné les chars d'assaut. L'appareil que l'on voit ici est le prototype n° 1 dont les essais ont commencé le 15 janvier. Un ballon de 144 mètres cubes assure la stabilité de l'appareil.

Champions du monde

Carré d'As à la Faisanderie
Du 28 mai au 5 juin, le Stade Français accueille à la Faisanderie de Saint-Cloud le gratin du tennis mondial. Ils sont tous là pour en découdre devant un public élégant et connaisseur : Tilden et Jones, Mrs Mallory et Mrs Peacock pour les États-Unis, le belge Washer qui ne sera battu qu'en finale, les Espagnols Gomar et Alonso, A.W. Jones, Miss Holman, le Roumain Wishu, l'Italien de Morpurgo...
Côté français, c'est la richesse. Dans le sillage de Suzanne Lenglen et ni la défaite de Gobert en simple, ni le forfait de Brugnon (ci-contre) n'empêcheront la France de remporter quatre des cinq titres en jeu. Trois titres pour Suzanne Lenglen, c'était prévu (le simple, le double mixte, et le double dame). La victoire de Gobert-Laurentz en finale du double messieurs (ci-dessus) sur l'étonnante paire Albarran-Gerbault se rehausse de l'élimination préalable du tandem Tilden-Jones par les vainqueurs et de Decugis-Borotra par les battus.

Revanche à Forest Hills
Mrs Mallory est *champion* (sic) des États-Unis, et *le* plus redoutable adversaire de Suzanne Lenglen. Diminuée par une grippe, notre championne va connaître une défaite pourtant inattendue, à Forest Hill, dans le Long Island, par abandon après un premier set perdu. Un portrait de Lartigue et un croquis de Sem l'ont-ils consolée de cette contre-performance, elle qui était venue pour venger Georges Carpentier et pour entreprendre une tournée américaine en faveur des orphelins de guerre français.

Palmarès

Tilden bat Washer 6-3 6-3 6-3
Mlle Lenglen bat
Mme Mallory 6-2 6-2
MM. Gobert-Laurentz battent
MM. Albarran-Gerbault 6-4 6-2 8-6
Mlle Lenglen-Mrs Golding battent
Mrs Peacock-Miss Holman 6-2 6-2
Mlle Lenglen/M. Décugis battent
Mme Golding/M. Laurentz 6-3 6-3

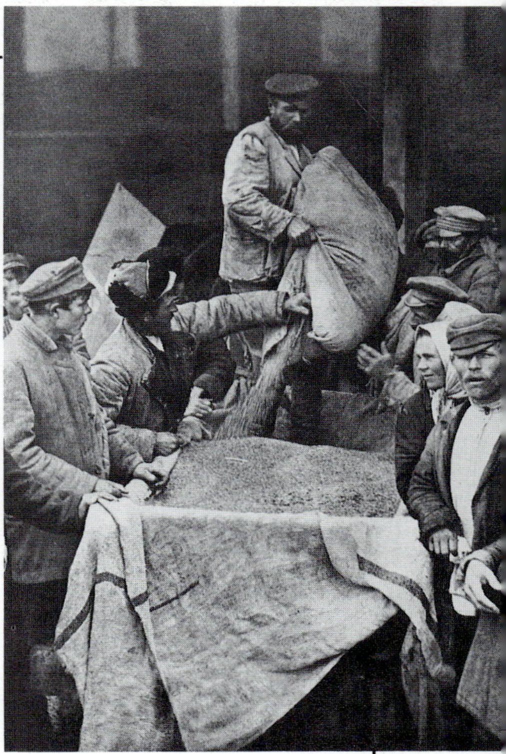

Russie : année noire

Année noire pour la Russie rouge. Baisse alarmante de la production économique, récoltes catastrophiques, famine, soulèvements, répression... Au-dessus de sa barbiche, Lénine, penché sur la *Pravda*, ne peut offrir au photographe qu'un front aussi soucieux que dégarni.

Le 12 mars, au Xe Congrès du Parti, celui que l'on surnomme le « Tsar rouge » présente sa nouvelle politique économique, la NEP. Il est plus que temps, car la situation en République soviétique s'est aggravée de façon catastrophique. Les récoltes ont été réquisitionnées, à l'exception du minimum nécessaire pour les besoins vitaux, et les paysans ont réduit considérablement la superficie des terres cultivées. La production industrielle a baissé de 15 % par rapport au temps de paix. Dans l'exposé de sa nouvelle politique économique, Lénine prône, sans le dire explicitement, un retour partiel aux méthodes de l'économie capitaliste. Le « Tsar rouge » tel que le montre, en couverture, *L'Illustration* du 15 janvier, n'est pas à un paradoxe près.

Si la nouvelle réglementation établie par Lénine permet aux paysans d'apporter à Moscou les produits de leur ferme (en haut, à gauche, le marché Smolenski*), à Samara (en haut, à droite), on leur distribue, mais parcimonieusement à cause de la famine, du blé pour les semences. Dans un pays totalitaire, les responsables doivent pouvoir compter sur leurs fidèles pour maintenir l'ordre, y compris sur les femmes (ci-contre) qui s'entraînent dans ce but.*

La détresse des vieillards et des enfants

Spectacle de désolation pour les rares journalistes occidentaux autorisés à se rendre en Russie. Vieillards ou enfants, tous présentent le même visage hideusement creusé par la malnutrition. Les voyageurs arrivant dans la région de la Volga sont agrippés par des mains noires et décharnées. Les enfants, qui ont été abandonnés par leurs parents incapables de les nourrir, sont amenés par des militaires dans des refuges. Quant aux vieillards, ils sont le plus souvent laissés en tête à tête avec leur misère.

Lénine a lancé un appel aux travailleurs des pays industrialisés pour qu'ils viennent en aide à la Russie rouge menacée d'inanition. Il explique que la famine est due à une récolte catastrophique consécutive à une sécheresse impitoyable. Les réfugiés affluent à Moscou. Il est dur pour les dirigeants d'avouer un échec aussi patent.

Un diplomate norvégien, M. Nansen, est envoyé à Moscou pour organiser un Comité d'aide internationale nouvellement créé. A Berlin, où la situation, du fait des suites de la guerre, n'est guère brillante, un Secours international aux travailleurs voit le jour. Parmi ses membres, des personnalités venues des horizons les plus divers, comme Albert Einstein, George Bernard Shaw et Anatole France.

Ces documents expliquent mieux qu'un long discours la détresse du peuple russe en 1921. Chassés par la famine, 21 millions de femmes, d'enfants, de vieillards en haillons ont dû quitter les territoires de la Volga et du sud du pays.

Le camp de Samara
A deux nuits et un jour de chemin de fer de Moscou, Samara est devenue pour le monde entier la « capitale de la faim ». Une capitale de la faim dont l'envoyé spécial de la firme *Pathé* de New York, G. Ercole, a rapporté le saisissant document ci-dessus : immense rassemblement, sur l'une des places de la cité, de chars, de dromadaires, de chameaux et de chevaux avec lesquels les représentants des villages, les plus touchés par la disette, sont venus chercher des semences pour la moisson prochaine. Certains sont venus de 400 kilomètres, et repartiront de même. Pendant ce temps, ceux qui sont restés dans les villages actionnent avec la seule force de leurs jambes des moulins archaïques qui font monter l'eau indispensable à la survie.

Les secours s'organisent

Les Américains se sont laissés toucher par la détresse du peuple russe car, pas plus qu'un autre, celui-ci ne saurait être tenu pour responsabale des errements de ses dirigeants. Et bien que la Société des Nations, le 4 octobre, ait refusé de venir en aide à la Russie – la famine étant, selon elle imputable à la direction politique du pays – le mois d'octobre voit arriver à Kazan le premier train de secours américain rempli de vivres. Malgré la faim et la fatigue, le déchargement des wagons s'opère avec méthode et rapidité. Et c'est sans oser y croire que la foule, muette, contemple les camions qui emportent les sacs bien dodus d'où sortiront du sucre et de la farine, c'est-à-dire la vie. En contrepartie, les États-Unis demandent la libération de tous les Américains détenus en Russie.

La révolte de Cronstadt

Commencée le 1er mars, la révolte de la garnison de Cronstadt, près de Petrograd (Leningrad) est écrasée par l'Armée rouge le 17. A l'origine de l'insurrection, la colère de soldats et marins permissionnaires découvrant leur famille dans une misère que le communisme avait juré d'effacer. Revenus à Cronstadt, ils témoignèrent :

Les révoltés de Cronstadt sur le sol finlandais à Terijoki. Le deuxième en partant de la gauche est le matelot Petritchenko, président du Comité révolutionnaire provisoire.

« Le 7 mars à 18 h 20, le golfe de Finlande étant pris par les glaces, l'infanterie rouge passe à l'assaut. Repoussée, elle revient à la charge le 17 à 4 h du matin. Cinq heures plus tard, un avion lance sur Cronstadt des tracts signés de Trotski : « Prenez garde ! Cronstadt doit être livrée à midi... Si cet ordre n'est pas exécuté, toute la population de sept à soixante ans sera fusillée... ». La résistance, alors, diminue. Et les bolcheviques redeviennent les maîtres, ramenant avec eux la terreur. Mais mille personnes s'échappent vers la Filande où, heureusement, la Croix-Rouge américaine veillait.

Main basse sur la Géorgie
La révolte de Cronstadt écrasée, les bolcheviques récidivent en envahissant, presque au même moment, la Géorgie, dont le gouvernement s'est enfui. Un croiseur français, le *Waldeck-Rousseau,* est arrivé dans le port de Soukoum, sur la mer Noire, où des vedettes géorgiennes (ci-dessus), ont transporté à bord des détachements militaires (ci-contre) et des réfugiés civils. Des cinq républiques du Caucase, la Géorgie était la seule à avoir conservé un semblant d'autonomie. Malgré une résistance acharnée, les Géorgiens, mal ravitaillés en munitions, ne purent venir à bout des bolcheviques, secondés par les troupes turques kémalistes. Après de sanglants combats du 17 au 21 février, un ultimatum fut lancé le 23 aux Géorgiens. Encerclés, ceux-ci n'eurent plus d'espoir que dans l'évacuation. A l'Est, il n'y aura bientôt plus de nouveau.

En selle

Du cheval, Monsieur Georges-Louis de Buffon écrivait dans son *Histoire des Mammifères :* « La plus noble conquête que l'homme ait jamais faite est celle de ce fier et fougueux animal, qui partage avec lui les fatigues de la guerre et la gloire des combats. » Le cheval partage aussi aujourd'hui une autre gloire, un peu moins périlleuse, celle des courses.

Récidive à Longchamp
Les favoris, décidément, n'ont pas de chance. Pour le Grand Prix de Paris, qui s'est couru à Longchamp le dimanche 25 juin, ils étaient nombreux à avoir parié sur « Ksar », vainqueur du Grand Prix du Jockey-Club. Pour soutenir le train extrêmement rapide qui s'impose dès le départ, Stern, le jockey de « Ksar », est obligé de cravacher son cheval. Geste inquiétant, car on est encore loin du poteau. Les connaisseurs ne s'émeuvent pas : « Ksar » doit être ainsi stimulé pour se détacher de ses rivaux. Cette fois, rien n'y fait. « Ksar » rétrograde. Tout à coup, un cheval surgit du peloton. C'est « Lemonora » (ci-dessous), monté par Childs, appartenant à un Anglais qui a fait fortune dans le savon, M. Watson. « Lemonora » rattrape le leader « Fléchois » et, avec aisance, l'emporte de 3/4 de longueur. Comme en 1919 et en 1920, c'est un cheval anglais qui remporte ce Grand Prix. L'heureux propriétaire empoche les 400 000 F du montant nominal de l'épreuve plus 117 750 F représentant le montant des entrées : 21 280 au pesage ; 9 247 au pavillon et 76 135 à la pelouse. Un record à elles seules !

Surprise à Chantilly
Le dimanche 5 juin, le Prix de Diane a déroulé ses fastes traditionnels sur l'hippodrome de Chantilly, éclairé par un soleil légèrement voilé. Sur la pelouse, une bonne trentaine de milliers de spectateurs venus de Paris par trains spéciaux pour le derby des pouliches. Vingt et une concurrentes se présentent au départ. Beaucoup de regards se portent sur la favorite de l'épreuve, « Nephtys ». Ses admirateurs sont bien déçus : à l'arrivée, elle n'est même pas dans les cinq premières. Par une circonstance curieuse, ce sont trois jockeys anglais qui s'adjugent les trois premières places : Bullock, sur « Doniazade » (ci-dessus), puis Donoghue sur « Ad Gloriam II » et Childs sur « Guerrière II ». Bullock n'en est pas à son coup d'essai : en 1920, il a remporté et le Grand Prix de Paris et le Prix de l'Arc de Triomphe sur « Comrade ».

La course infernale
De l'autre côté de la Manche, une grande classique hippique attire la foule et dérange même la famille royale. Le *Grand National Steeple Chase* de Liverpool qui se dispute cette année le 18 mars ne déroge pas à la règle. La terrible épreuve d'obstacles est toujours aussi éprouvante : sur 35 chevaux au départ, un seul, à l'arrivée, n'est pas tombé pendant la course : « Shaun Spadah ». Le roi George V félicite l'heureux vainqueur, F.B. Rees, en présence de Lord Derby.

Pomme à l'anglaise
A Saint-Cloud, les émotions sont moins fortes à l'occasion du Prix du président de la République, le 3 juillet. C'est encore un cheval anglais, curieusement nommé « Pomme de Terre », qui l'emporte devant 14 candidats, dont « Sourbier » vainqueur du Jockey-Club de 1920. Les médiocres résultats obtenus par les chevaux français sont, sans conteste, la conséquence des cinq années de guerre. La victoire de « Pomme de Terre » rapporte à son propriétaire, Lord Zetland, la coquette somme de 273 000 F. Beaucoup de parieurs français avaient d'ailleurs misé sur le cheval anglais et l'orgueil national se raccroche à l'élégance des toilettes féminines.

Festival militaire
Plus que jamais, le cheval de selle est à l'ordre du jour. Les autorités civile et militaire ont reconnu la nécessité d'en développer et d'en améliorer l'élevage, tant du point de vue économique que patriotique. Il s'agit de permettre aux éleveurs de conjurer la crise qui les touche en leur procurant les ressources nécessaires pour produire le cheval d'armes que les régiments de cavalerie réclament, et les chevaux de trait indispensables aux unités du train et de l'artillerie légère.
Pour encourager les vocations, un concours hippique militaire se tient, à partir du 24 mars, dans l'enceinte du Grand Palais et à Bagatelle. Course d'obstacles, présentation d'attelages militaires (ci-dessus), escrime à cheval, reprise de haute école par le magnifique Cadre Noir de Saumur... se sont disputés les faveurs d'un public venu nombreux. Les diverses épreuves se terminent en apothéose le 12 avril.

La Journée des Drags
Réunion particulièrement brillante ce 24 juin à Auteuil à l'occasion de la plus élégante des réunions de courses. Pour cette occasion exceptionnelle, l'hippodrome a retrouvé son inimitable cachet d'élégance aristocratique que la guerre et les années difficiles suivantes avaient fait oublier. Au pesage, où le haut-de-forme fait un retour remarqué, de jolies femmes, abritées sous de fines ombrelles, font valoir de ravissantes toilettes. Une musique militaire, celle du 104e régiment d'infanterie de ligne, apporte l'indispensable touche martiale. Mais ce qui accroche le plus l'attention d'un public de qualité composé de duchesses, comtesses et autres baronnes, ce sont les six mail-coaches dont l'arrivée sur le terrain est très remarquée.

Les gentlemen de l'ovale

Béziers, champion de France
Dimanche 17 avril, les Catalans, conduits par leur capitaine Vaqué, sont devenus, pour la seconde fois, champions de France en battant, à Béziers, le Stade toulousain, par 5 à zéro. L'essai de la victoire a été marqué par Duron et transformé par Marmayou.

Légèreté française
Les bookmakers ont eu tort de jouer l'Équipe de France. Le 27 février, à Cardiff, devant 45 000 spectateurs et quinze Gallois décidés, elle s'incline par 12 points contre 4 (ci-contre).

Les supporters
Le rugby fait recette : 145 000 F pour le match U.S. Perpignanaise-Stade toulousain, joué devant une foule considérable. Huit jours auparavant, le stade de l'AS-Béziers, où allait se disputer la rencontre, ne pouvait contenir que 8 000 supporters. Des travaux rondement menés ont permis d'en accueillir 20 000. Sans pour autant éliminer la resquille.

Angleterre-France
Cette fois, pas de surprise : favoris de la presse, les Anglais ont battu à Colombes les Français par 15 points à 6 (ci-contre). Le maréchal Foch a dit au capitaine anglais, Davies, officier de la *Royal Navy* : « Ce fut une grande bataille. Vous l'avez gagnée. Je vous félicite. » L'équipe de France qui a battu l'Écosse en janvier, prendra sa revanche sur l'Irlande à Colombes le 9 avril.
Face à l'Angleterre, la France alignait Clément, Cayrefourcq, Borde, Crabos (cap.), Lobies, Bousquet, Pileu, Boubé, Soulié, Guichemerre, Cassayet, Puech, Birabeu, Gonet et Mourreux.

Une affaire de famille
Le chiffre 13 (mars) s'est montré favorable aux Toulousains. Dans le match des poules finales du championnat de France (ci-dessus), ils ont battu le stadoceste tarbais par 9 à 3 à l'issue d'une partie dure et âprement disputée.

Un match « historique »

Pour la première fois depuis qu'elles se rencontrent sur l'herbe verte, l'équipe de France de football vient de battre celle d'Angleterre au stade Pershing, devant 40 000 spectateurs. C'est Devaquez qui marque le premier but. Les Anglais égalisent aussitôt. A la première mi-temps, le score est de 1 partout. A la reprise, le public craint pour « ses » tricolores qui se sont beaucoup dépensés. Mais ceux-ci repartent courageusement à l'attaque et la balle, reprise en volée par Boyer, passe pour la deuxième fois entre les poteaux anglais. Un match historique à tous points de vue puisqu'il s'est disputé le 5 mai, jour anniversaire de la mort de Napoléon. Les onze Français, groupés fièrement autour de Lucien Gamblin, leur capitaine, ont-ils voulu venger l'Empereur ?

En haut, pose à l'entraînement, avec sur la droite Gaston Barreau, le manager.
Ci-dessous : de gauche à droite ; Cottenet, Farnfield, Gamblin, Wise et Vanco.

Les onze de la victoire. En partant du bas à gauche et dans le sens des aiguilles d'une montre : Hugues, Jourda, Cottenet, Vanco, Bonnardel, Dubly, Bard, Paul Nicolas, Boyer, Devaquez et, au milieu, Gamblin.

Première expédition britannique à l'Everest

Depuis 1879, date de la première reconnaissance conduite par l'Anglais Graham, l'Everest défiait les hommes. Il était si mystérieux que son altitude exacte restait une inconnue. Le 18 mai 1921, neuf Britanniques s'élancent pour en savoir plus.

Photographie de la face nord-ouest de l'Everest, la première prise à 5 400 mètres d'altitude. Au premier plan, la moraine et le glacier de Rongbuk.

Le feu vert

Le 10 janvier 1921, les journalistes réunis dans les locaux de la *Royal Geographical Society,* à Londres, enregistrent une nouvelle incroyable : une équipe anglaise va se lancer à l'assaut de l'Everest. Un alpiniste chevronné, Keswick, déclare dans le *Daily Mail* du 14 janvier : « ... l'homme qui espère vaincre l'Everest doit être capable, sans entraînement, de monter à la course les cent derniers mètres du mont Blanc. » Le programme prévu par la *Royal Geographical Society* et l'*Alpine Club* d'Angleterre compte deux étapes : en 1921, reconnaissance des approches de la montagne selon le tracé ci-contre, établissement d'une carte et recherche d'une route d'ascension ; en 1922, tentative d'ascension du sommet qui s'élève en bordure de la Chine et du Népal.

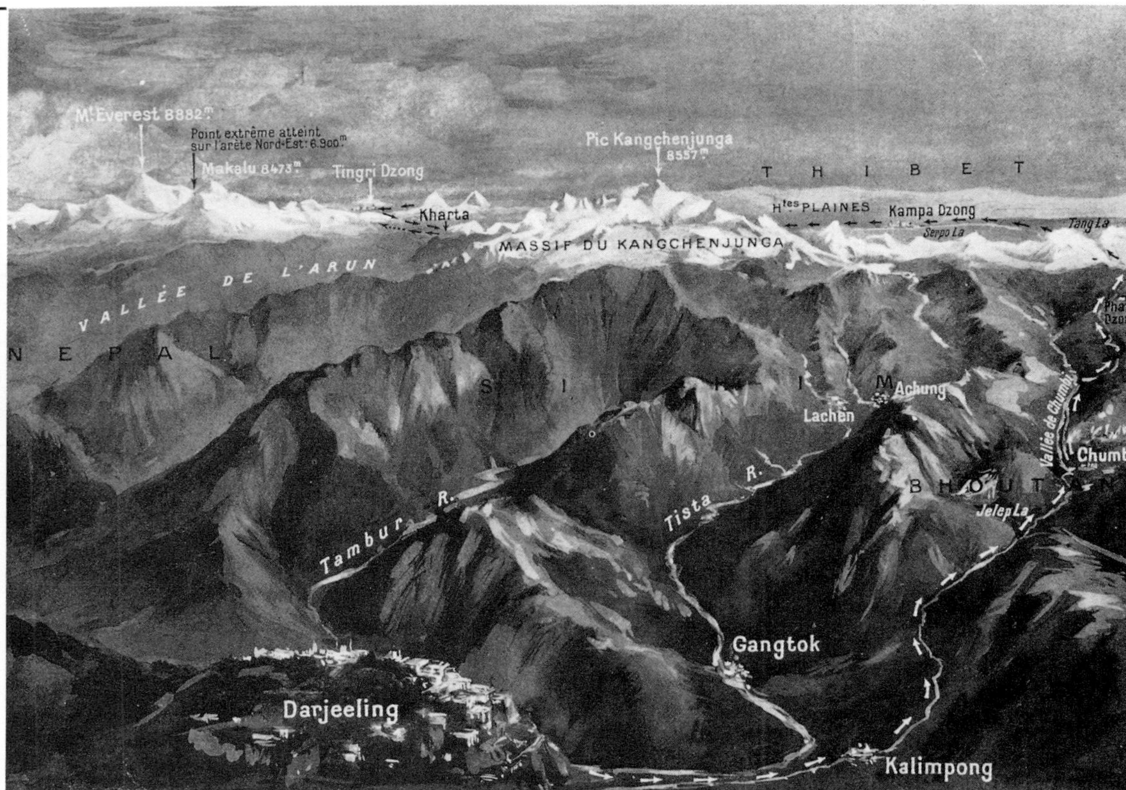

Ci-dessus assis, de gauche à droite : Mallory, Wheeler, Bullock, Morshead. Debout, de gauche à droite : Wollaston, Howard-Bury, Heron, Raeburn.

En haut de la page, croquis panoramique de la chaîne de l'Himalaya montrant la route suivie par l'expédition depuis Darjeeling **(d'après un dessin de D. Mac Pherson).**

Les héros de l'épopée

Ils sont neuf qui ont pour tâche de trouver *la* voie qui sera, sans discussion possible, la meilleure. A la tête de l'expédition, le colonel Howard-Bury. Il n'est pas alpiniste, mais il a l'expérience de l'Himalaya et du Tibet ; officier, il a l'habitude de commander. En outre, il a accepté de payer la majeure partie de ses propres dépenses. L'essentiel, environ 3 000 livres, a été réuni grâce à une souscription : le roi George V a contribué pour 100 livres. Avec Howard-Bury, Henry Morshead, trente-neuf ans ; Oliver Wheeler, trente et un ans, très au fait des dernières techniques de relevés topographiques ; le docteur Heron, du *Geological Survey of India ;* un alpiniste écossais, Harold Raeburn, cinquante-six ans (à son actif, la première traversée en solitaire de la Meije, un sommet difficile des Alpes du Dauphiné) ; le docteur Keller, professeur de chimie, qui s'est spécialisé dans les effets physiologiques de la haute altitude. C'est un alpiniste confirmé de l'Himalaya mais il a cinquante-trois ans et, avec Raeburn, il sera un sujet de préoccupation pour le docteur Wollaston, médecin de l'expédition. G.H. Bullock, membre du corps diplomatique et George Leigh-Mallory, trente-cinq ans, professeur de public school, complètent l'équipe.

La longue marche

L'expédition quitte Darjeeling le 18 mai 1921. Jusqu'au pied de l'Everest, il y a 350 kilomètres à une altitude située entre 4 000 et 5 000 mètres. Après la traversée du Sikkim, rendue pénible par des pluies torrentielles, l'expédition arrive à Chumbi puis atteint le haut plateau tibétain. Les sherpas sont d'excellents porteurs mais de détestables cuisiniers : accablés par des troubles gastriques, les hommes fatiguent. Keller meurt pendant la marche d'approche vers Kampa Dzong. De l'endroit où on l'enterre, les survivants, pour la première fois, aperçoivent les neiges couronnant l'Everest.

Grâce à John Bucan, écrivain féru d'escalade, un contrat d'exclusivité avait été passé avec le *Times.* C'est pourtant par le *Morning Post* que l'Angleterre apprend la mort de Keller et les péripéties de l'expédition : la première vision, dans la vallée de Rongbuk, de l'Everest, « dans sa suprématie solitaire et incontestée », écrira Mallory ; les difficultés des levers topographiques à plus de 5 000 mètres d'altitude ; l'empoignade quotidienne avec le froid – jusqu'à – 34° – ; les efforts inhumains pour explorer les possibilités d'accès vers le sommet ; le manque de matériel ; le mal des montagnes...

Fin août, les forces et le moral déclinent, même chez les plus forts, comme Mallory et Bullock (ci-dessous), photographiés à Phari au début du voyage. Peu de vivres, pas de combustible pour préparer la sacro-sainte tasse de thé. Le 22 septembre, ils atteignent le col de Lhapka à 6 750 mètres. La tempête et l'épuisement les arrêteront là. Le 25 octobre, la petite troupe retrouve Darjeeling : elle a découvert une voie praticable sur le versant nord. La reconnaissance s'achève. La mission est remplie.

Ci-dessus : halte sur le versant tibétain de l'Himalaya devant le Chomolhari (7 346 m).

Ci-contre : le major Morshead procédant à un lever topographique à plus de 5 000 mètres.

La Ballot n° 1 du Français de Palma va être dépassée par la Duesenberg de l'Américain Murphy.

La compétition automobile

Les voitures rangées au départ. Les deux premiers à s'élancer sont Ralph de Palma et Mathis.

Jules Goux

La Ballot de Palma
Parmi les 19 voitures engagées au Grand Prix de l'A.C.F., il y a quatre *Fiat,* deux *Sunbeam,* quatre *Duesenberg,* deux *Talbot,* deux *Talbot-Darracq,* une *Marthis* et quatre *Ballot.* Ci-contre, celle du Français de Palma qui s'est classé deuxième.

Circuit de Brescia
Temps splendide, enthousiasme général et nervosité toute latine ont été au rendez-vous le 4 septembre pour le triomphe d'un Français, Goux. Celui-ci a couvert les 522 km du circuit en 3 h 35 mn 9 s (moyenne : 144,700 km/h). Sa voiture, une Ballot de 3 litres de cylindrée, a triomphé des trois Fiat dont l'une, pilotée par l'Italien Bordino, a atteint 150 km/h avant de stopper à la suite de plusieurs crevaisons.

Le meeting de Boulogne
Ce cyclecar a été saisi par le photographe lors du meeting de Boulogne-sur-Mer, le dimanche 3 juillet. Les cyclecars devaient effectuer douze tours de circuit, soit 448 km 500. A mi-course, alors que les abandons sont nombreux, la marque G.N. (notre photo) a encore trois voitures en course. Ce sont elles qui prennent les trois premières places. Le vainqueur, Honel, a couvert la distance en 5 h 34 mn 13 s.

Événement de la saison sportive, le Grand Prix de l'Automobile Club de France s'est disputé, pour la première fois depuis la guerre, le lundi 25 juillet sur le circuit de la Sarthe. Jusqu'au 17e tour – l'épreuve en comporte 30 – la lutte a été indécise entre le Français Chassagne et l'Américain Murphy. C'est lui qui, finalement, remporte la course : les 517 km 200 du circuit en 4 h 7 mn, 10 s 2/5, soit une moyenne de 125,600 km/h.

1921

Ettore Bugatti
Un nom de légende derrière un volant : Ettore Bugatti, ici dans un modèle déjà ancien. En 1921, une Bugatti type 13 avec un moteur de 1463 cm^3 a remporté la coupe des voitures légères au meeting de Brescia.

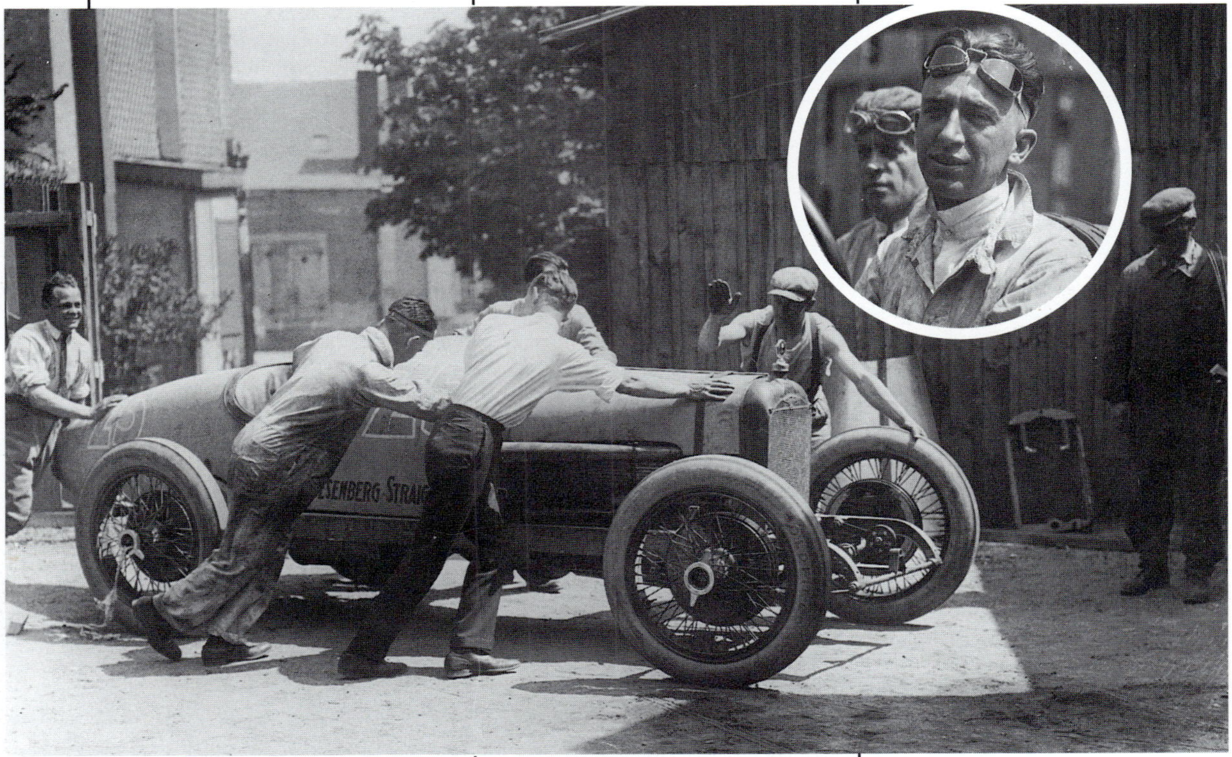

Le journal L'Auto *a organisé un grand concours de bouchons de radiateurs dont voici le premier prix. Il s'adapte à tous les modèles...*

Murphy et sa Duesenberg
L'Américain qui vient de remporter le Grand Prix de l'A.C.F. a vingt-sept ans. Il a commencé sa carrière sportive comme mécanicien et il n'a, derrière lui, que deux années de compétition. Comme son pilote, la voiture, une Duesenberg, est américaine, et même californienne.

L'Empereur dans la course
La Corse ne pouvait faire moins à l'occasion du centenaire de la mort de Napoléon. Pour commémorer l'événement, on crée le Tour de Corse qui s'est disputé au mois d'avril. Parmi les voitures engagées, cette Bignan 4 cylindres de 3 litres, qui a vraiment belle allure, avec son châssis surbaissé, sa carrosserie en aluminium et ses ailes rapportées. Cette grande première voit la victoire de deux pilotes français : Guyot et Inghilbert.

L'œil de Lartigue
Omniprésent, le jeune homme qui photographie tout ce qui bouge a saisi, rue Leroux, le départ en voyage de sa famille. Il nous a indiqué le nom de ses « modèles » : penché sur le volant, c'est Yves, le chauffeur et, de gauche à droite, casquées comme des aviatrices, voici « Mamie » et « Bébé ». L'homme à la casquette, c'est « Papi ». Quant à l'automobile, il suffit, pour découvrir sa marque, de regarder la cigogne altière qui orne son capot : *Hispano-Suiza.*
Née en 1904 à Barcelone, la célèbre société hispano-suisse avait créé, sept ans plus tard, une filiale française. Les amateurs fortunés se disputent les modèles de la marque, qui sont tous symboles de luxe et de puissance. En 1921, on admire toujours la H6 de 32 HP propulsée par un magnifique 6 cylindres en ligne dérivé d'un moteur d'avion. La H6 atteint 144 km/h et a, en plus, une vertu appréciable : elle freine bien grâce à ses gros freins à tambour sur les quatre roues, assistés par un servo – mécanisme utilisant l'énergie cinétique de la voiture.

Gance et son Amilcar
Lartigue a rattrapé au bord de la mer le cinéaste Abel Gance qui pose en agréable compagnie. Le réalisateur de trente et un ans vient de terminer le tournage de *La Roue.* Cette symphonie cinématographique n'est pas dédiée à l'automobile mais au monde des locomotives et des rails. Bien qu'il soit déjà célèbre pour ses audaces, Abel Gance roule dans une voiture de la toute jeune – elle est née en 1921 – firme Amilcar. Aussi populaires sur les circuits que sur la route, les voitures de *La Société Nouvelle pour l'Automobile « Amilcar »,* « tapaient » de belles moyennes sur la route, ce qui permettait à une publicité de l'époque d'annoncer fièrement : « 115 km à l'heure. Le grand sport. Amilcar. »

Le XVIe Salon de l'automobile
La voiture de série toute montée n'est pas encore de rigueur. A partir d'un châssis de base, l'acheteur peut laisser libre cours à son imagination. La grande nouveauté de ce salon 1921 est à porter au crédit de Charles Terres Weymann, 30 ans, né... sur un paquebot d'un père américain et d'une mère française. Pilote dans une escadrille française pendant la guerre, il se lance, cette année, dans la carrosserie automobile avec une idée révolutionnaire : la carrosserie souple avec une armature en sapin dont tous les éléments de section carrée sont assemblés par des ferrures selon une méthode de montage inspirée de la construction aéronautique. Quoi qu'il en soit, cette seizième édition du Salon de l'Auto, qui a ouvert ses portes le 8 octobre, se déroule sous les meilleurs auspices. En 1920, on a constaté, en effet, une augmentation d'environ 61 000 voitures par rapport à l'année 1919 et le nombre total des automobiles taxées s'élevait à 242 081 voitures pour voyageurs et 79 067 voitures de transport. A cela s'ajoutaient 5 468 side-cars et 814 cyclecars. En 1921, on recense 56 départements possédant plus de 1 000 voitures de tourisme, les plus riches étant ceux de la Seine (36 282), l'Indre-et-Loire (5301), la Seine-Inférieure (5143) et le Nord (5008). Les plus pauvres : la Lozère (100) et les Hautes-Alpes (135). Paradoxe : les ventes sont aussi nombreuses dans la catégorie « grand luxe » que dans celle des petites voitures.

Grande Torpédo sur châssis Renault de 40 HP.

Le jour de l'inauguration, le président de la République, Alexandre Millerand, a longuement admiré un superbe châssis 40 HP, 12 cylindres sans soupape de Voisin, la 6 cylindres Renault Grand Tourisme et, toujours fidèle au poste, De Dion-Bouton avec sa 10 HP, 4 cylindres. Mais c'est sur le stand Fonck que le Président s'est attardé le plus. Le célèbre aviateur présentait en effet deux modèles, une 12 HP, 4 cylindres et la 30 HP, 8 cylindres. *« Je vous souhaite de tout cœur autant de succès sur terre que dans les airs »,* a dit Alexandre Millerand en prenant congé de René Fonck.

Phaéton landaulet démontable Rolland-Pilain.

Coupé limousine Panhard.

Carrosserie oblique Barbou.

Grande limousine Voisin.

A la Une des journaux

Têtes couronnées, ne fut-ce qu'un jour, savants, hommes politiques, artistes, héros involontaires des faits divers, ils ou elles se partagent les manchettes des grands quotidiens et des suppléments du dimanche qui diffusent aux quatre vents de l'hexagone les événements de l'actualité.

Mariage princier
Le roi de Grèce Constantin 1er avait dû abdiquer en faveur de son fils Alexandre en juin 1917 : il était germanophile et s'opposait ainsi à son Premier Ministre, Vénizélos ; mais la mort accidentelle d'Alexandre 1er provoque un plébiscite en sa faveur, en novembre 1920. Il remonte sur le trône, et personne ne s'étonne trop que le roi Ferdinand de Roumanie consente à l'union, célébrée le 10 mai à Athènes, de son fils le prince Carol avec la princesse Hélène de Grèce.

Digne de son nom
Le portrait le plus éloquent du roi Pierre 1er de Serbie, au lendemain de sa mort (le 16 août), reste sans doute celui-ci : un vieux soldat serbe qui s'est laissé pousser la barbe, selon l'usage de son peuple lors de tous les deuils. Déjà à la mort de sa femme Zorka de Monténégro, en 1890 ; et ici lors de la retraite de ses armées en Albanie, en 1915, devant les Autrichiens. Saint-Cyrien, roi des Serbes, Croates et Slovènes, partisan du régime parlementaire, il aura combattu toute sa vie pour ses idéaux.

Charcot et La Rockallite
Le Rockall, surnommé la « Terreur des navigateurs » est le sommet d'une gigantesque montagne engloutie : il dresse ses 21 mètres à 450 kilomètres de toute terre habitée, à peu près au milieu d'une ligne imaginaire qui joindrait le nord de l'Irlande et l'ouest de l'Islande. Tentant pour le capitaine de corvette en retraite Charcot et pour son navire, le *Pourquoi-Pas ?* qui permettent au lieutenant de vaisseau de Tournemire de débarquer sur l'îlot et d'y recueillir des échantillons de roches d'un vert gris clair désormais baptisée *Rockallite,* à fin d'analyse par le Muséum d'histoire naturelle.

Un savant Cosinus
Renvoyé de l'Observatoire de Paris à la publication de son ouvrage *De la pluralité des mondes habités,* (1862), Camille Flammarion se consacre à des livres de vulgarisation, et fonde dès 1883, à Juvisy, son propre observatoire. Nous le voyons ici observer l'éclipse de Soleil de 1921. Sa célèbre *Astronomie populaire* avait paru en 1879.

Le rideau tombe
Le 5 juin 1921, Georges Feydeau s'éteint à Rueil, âgé de cinquante-neuf ans. Successeur de Labiche à la tête du théâtre de boulevard, il a porté le vaudeville jusqu'à ses sommets. *Un fil à la patte, la Dame de chez Maxim, la Puce à l'oreille, le Dindon* sont pour toujours des classiques du genre. Elles immortalisent un auteur qui a su allier les situations les plus invraisemblablement comiques à la rigueur absolue du montage de l'intrigue.

Échange entre deux mondes
Une délégation chinoise conduite par Chu-Chi-Chen vient de recevoir à Paris le diplôme de *Docteur Honoris Causa* décerné à Shu-Che-Tchang, président de la République chinoise.

Couronne africaine
Président de la République du Liberia – pays qui doit sa fondation aux immigrants noirs nord-américains après l'abolition de l'esclavage, et dont la Constitution s'inspire de celle des États-Unis –, M. King, accompagné de M. Lehmann, chargé d'affaires libérien à Paris, dépose le 18 février une couronne sur la tombe du Soldat inconnu. Dans l'après-midi, il se rend à l'Élysée où il rencontre le président Millerand, qui lui rendra sa visite le soir même.
C'est un accord signé en 1910 avec la France qui fixe définitivement les frontières du Liberia.

Concours de charme
Le 19 février, dans la salle des Fêtes de la mairie du IVe arrondissement, mademoiselle Yvonne Béclu l'emporte au deuxième tour de scrutin sur ses vingt concurrentes – une reine par arrondissement et la reine des forains – et devient Reine des Reines de Paris. On la voit ici avec l'écharpe bleue et rouge aux armes de la ville, entourée de ses demoiselles d'honneur, mademoiselle Hahn (à droite), reine du XXe, et mademoiselle Noyet, reine du VIIe. Elles sont respectivement secrétaire dactylographe à l'Hôtel de Ville, midinette du quartier de l'Opéra et comptable au ministère des Régions libérées. Après force discours, on danse jusqu'à l'aube.

La « Grande Ame »
Sa campagne de 1917 en faveur des producteurs d'indigo du nord du Bihār a fait de lui une personnalité politique nationale de l'Inde ; celle d'avril 1919 contre les lois Rowlatt sur la « Répression des activités subversives » l'impose comme le leader incontesté du mouvement nationaliste. L'année précédente, il a pris la direction effective du Parti nationaliste ; sous son impulsion, le Congrès décide le boycottage des institutions coloniales et des produits européens. L'éblouissante carrière du Mahātmā Ghāndi commence à étonner le monde.

Saint Aristide, apôtre
A l'occasion de la Conférence de Washington sur le désarmement, à laquelle Aristide Briand se présente comme un apôtre de la Paix, Sennep, qui dessine alors pour l'*Action Française,* nous montre ici Léon Blum en extase à l'idée d'écouter la superbe voix de contrebasse du président du Conseil exécuter les pièces d'un compositeur dont le nom a quelque chose à voir avec la colombe et l'olivier. D'aucuns apprécieront le dessin, d'autres plutôt le calembour.

Oh bonheur ! Il va nous jouer du... Rameau !

Prêtre et diplomate
Suite à la reprise des relations diplomatiques avec le Vatican et à la nomination de M. Jonnart comme ambassadeur près le Saint-Siège, Monseigneur Ceretti, premier nonce apostolique en France depuis 1904, débarque à Paris le 2 août, accueilli par le cardinal Dubois, archevêque de Paris, en une cérémonie chaleureuse et discrète, car seul le grand nombre de soutanes sur le quai surprend les vacanciers en partance. Mgr Ceretti déclare qu'après *« le noble geste de la France »,* il a *« le plus grand désir de la voir reprendre son titre et son rôle de fille aînée de l'Église »*.

Entre rois...
Réceptions officielles et fêtes intimes alternent du 1er au 5 février, lors du voyage des souverains belges Albert 1er et Elisabeth à Madrid, où le roi Alphonse XIII salue « le roi chevaleresque et la reine admirable de fierté et de charité ». L'accueil enthousiaste de la foule émeut vivement les augustes visiteurs.

Deux futurs empereurs
Rezā Khān Pahlavi a repoussé en 1920 l'armée soviétique qui a tenté d'envahir son pays. En 1921, il occupe Téhéran et devient ministre de la Guerre. Son fils, Mohammad Rezā né en 1919, lui succédera en 1941. On connaît la suite...

Ravissante compétition
Le 24 juillet 1921, le journal *le Matin* et la *Publi-Ciné* organisent, à la salle des Fêtes du Jardin d'acclimatation, un concours destiné à élire les deux plus beaux enfants de France. Claude Albert, trente mois, et France Guiraud, trois ans, obtiennent le titre, et une police d'assurance de 10 000 francs.

Doumer aux Finances
Agrégé de l'Université, député de l'Aisne, puis de l'Yonne, ancien gouverneur général de l'Indochine, ancien président de la Chambre, sénateur de la Corse, Paul Doumer est le ministre des Finances du cabinet Briand. Radical, il a proposé le premier projet d'impôt sur le revenu – repoussé – dès 1895.

Une heureuse rencontre
Au cours d'un voyage à Londres en 1914, Sergueï Prokofiev, jeune et brillant élève de Rimsky-Korsakov, a rencontré Diaghilev et Stravinski. En 1921, il décide de se fixer à Paris, où les Ballets Russes créent son ballet *Chout* (le Bouffon), et où il fait la rencontre du groupe des six. Son opéra *L'Amour des trois oranges* lui vaut déjà, à trente ans, une célébrité mondiale. **Dessin de N. Gontcharova.**

Mort d'un génie
Avec Camille Saint-Saëns disparaît, le 16 décembre, à l'âge de quatre-vingt-six ans, celui que Reynaldo Hahn appelait « le dernier grand classique de l'art musical ». Un authentique enfant prodige, sa mère l'a d'abord cru... idiot, car avant l'âge de deux ans il poussait de grandes exclamations émerveillées au son des pendules, au tintement des verres, aux cris des marchands.
A deux ans et demi, il savait lire la musique ; à trois ans, il composait. Entre cinq et six ans, il montrait un égal intérêt et une égale facilité pour la musique, les langues, l'histoire naturelle, les mathématiques, la mécanique. La musique l'emporte finalement. A dix ans il joue un concerto de Mozart et un concerto de Beethoven – dont il improvise lui-même les cadences –, plus des solos de Haendel et de Bach, à la salle Pleyel, devant un public émerveillé.
Dès lors, son œuvre immense se développe, touchant à tous les genres : lyrique, symphonique, musique de chambre, etc. Son style d'une pureté mais aussi d'une complexité contrapuntique incroyable, lui vaut une gloire qui se reflète dans ses grandioses obsèques à la Madeleine.

Les ballets russes
La troupe de Serge de Diaghilev est de retour, du 17 au 23 mai, au théâtre de la Gaîté Lyrique, pour sept représentations. Lydia Sokolova y danse *Le Sacre du Printemps* de Stravinsky, cependant que sont repris les succès mondiaux *L'Oiseau de feu, Petrouchka, les Sylphides, Le Tricorne.* Picasso réalise les décors du *Quadro Flamenco* et l'on s'apprête à créer un ballet d'un jeune compositeur : Prokofiev.

Un oubli réparé
Achille Millien, enfant prodige, publie dès son adolescence des vers dans la *France littéraire* de Lyon, puis à vingt-deux ans, à Paris, son premier recueil, *la Moisson,* retenu par l'Académie Française parmi les ouvrages dignes du prix de poésie. Alphonse de Lamartine, François Guizot le saluent. Victor Hugo écrit : « La senteur des prés et le souffle des bois sont dans ses charmantes géorgiques ». Mais sa vie, modeste, s'écoule toute entière à Beaumont-la-Ferrière (Nièvre), sa ville natale. Il est oublié quand Léon Bérard, ministre de l'Instruction publique, lui remet à quatre-vingt-trois ans une Légion d'honneur promise 50 ans plus tôt.

Un blason redoré
On a vu des princes épouser de riches héritières, mais ici, c'est le contraire : le 9 octobre à Paris, William B. Leeds, fils du « roi de l'étain », épouse Xénia de Grèce, dont la mère s'est mariée peu avant avec le frère du roi Constantin.

Une superbe meute
En mars, au concours de chiens de Monte-Carlo, le premier prix de meute est attribué aux sept lévriers russes du marquis d'Orgeix. Trois d'entre eux avaient déjà remporté les trois premiers prix individuels. Un double triomphe !

Mutilés mais sportifs
Organisé par le journal *L'Auto,* le Grand Prix des mutilés se dispute le 3 avril. Il comporte deux types d'épreuves. L'une, de 42 kilomètres, est réservée aux unijambistes. Ceux qui n'ont perdu qu'un bras ou qui ne sont que partiellement infirmes d'un membre inférieur rivalisent sur 82 kilomètres.

A toutes jambes

La coupe Dubonnet
Par un petit temps gris, froid et humide s'est couru, le dimanche 2 janvier, dans les bois de Saint-Cloud, le Rallye-paper. Organisée par le journal *L'Auto*, cette épreuve est la première, cette année, des courses Dubonnet, le « vin tonique en quinquina ».
C'est un tout jeune homme, Regnault, qui a remporté la course en 38 mn 15 s. Les spectateurs ont beaucoup applaudi un vétéran qui a eu le courage d'aller jusqu'au bout : Henri Desgrange, un des fondateurs de *L'Auto*, ancien recordman du monde de l'heure (32,325 km en 1893) et inventeur du Tour de France.

Le record des 20 km
Le 3 avril à Colombes, un coureur du Racing, Vignaud, s'attaque au record des 20 km établi en 1920 par Ichard en 1 h 11 mn 20 s.
Tentative réussie : Vignaud couvre la distance en 1 h 10 mn 43 s, soit 16,997 km dans l'heure. Quant à la relève, elle est déjà assurée par le petit Vignaud faisant avec son père le tour d'honneur.

Ci-contre, à gauche : M. Desgrange.
A droite, le Rallye-paper : passage du mur en file indienne.
Ci-dessous : Vignaud en course, et avec son fils.

Le cross de *L'Auto*
Mille concurrents sont au départ du cross de *L'Auto* qui se dispute dans les allées du bois de Boulogne, le 9 janvier. De Nys, un athlète franco-belge, a confirmé sa forme en battant un champion olympique, Guillemot. De Nys a couvert les 9,355 km en 30 mn 30 s, précédant le second, Nuet, de 20 mètres.

Honneur aux dames
Les femmes aussi se lancent sur les sentiers bourbeux : le 23 janvier, 45 concurrentes disputent le challenge Shackleton, du nom de l'explorateur qui offre le prix. L'épreuve, qui se court à Saint-Cloud, est remportée par Mlle Suzanne Porte, du Club Académia, en 7 mn 19 s 1/5.

La guerre n'est jamais propice aux grands travaux. Ses ravages s'accompagnent aussi de la détérioration des installations publiques. La paix revenue, toute une série d'améliorations s'impose, non seulement en province, dans les ports en particulier, mais à Paris. Certains sont souterrains – ceux qui concernent le gaz, l'électricité, le métro, la consolidation du sous-sol –, d'autres visibles : la réfection des lignes de tramways, avenue et place de la République, et celle du pavage en bois des places de la Concorde et de l'Opéra. D'aucuns soutiennent qu'on peut obtenir une surface lisse durable en utilisant des pavés en acajou plein. Un peu cher, répliquent les autres.
La fréquence croissante des véhicules rend de surcroît nécessaire

Attention travaux

Deux stades de l'aménagement d'un passage pour piétons.

l'aménagement de passages pour piétons, peints en rouge ou en rose. Ce sont des trottoirs transversaux, réalisés par la Société des Hauts-Fourneaux et Forges de Pont-à-Mousson ; une grille de fonte posée entre deux tranchées reçoit le revêtement. La circulation est bloquée, la grogne s'installe : *« On ne peut plus passer nulle part ! »*. Les badauds se réjouissent du spectacle, tandis que les photographes – tels ici ceux de l'*Excelsior* – s'arment de patience pour assurer leur reportage. L'initiative de ce système revient à M. Massard, conseiller municipal, qui demande au préfet de Police que des agents soient de permanence auprès des bandes, les premiers jours, pour en expliquer l'utilisation et l'intérêt aux usagers de la voie publique. Mais le nombre d'accidents montre qu'il faudra attendre plusieurs années avant que les gens cessent de traverser n'importe comment, et respectent enfin ce dispositif.

L'affaire Landru

Depuis le mois d'avril 1919, sa barbe bien taillée, ses yeux noirs et son crâne chauve sont célèbres par toute la France. Comme les aviateurs, les sportifs ou les hommes politiques, il est une vedette. Le mardi 8 novembre, il donne, à Versailles, sa première grande représentation publique. C'est Landru.

Les héros et l'accessoire
En haut : les dix victimes. Landru les convoquait par petite annonce : *« Monsieur, quarante-cinq ans, situation honorable, ayant intérieur, désire épouser dame, âge et situation en rapport. »*

Ci-contre : M. Gilbert, président de la cour d'assises.
Ci-dessus, à droite : le défenseur de l'accusé, Me de Moro-Giafferi (ces deux croquis d'audience sont dûs à G. Dutriac, de *L'Illustration*).

La petite cuisinière à deux feux, faite pour préparer le brouet familial. C'est dans ses flancs que dix femmes se sont consumées pour l'énigmatique séducteur aux 283 relations féminines.

Le procès
Ces treize personnages sont les membres du jury désignés pour dire si, en leur âme et conscience, Landru est coupable des crimes dont il est accusé : les meurtres prémédités de dix femmes et d'un jeune homme. Ce procès est un procès spectacle. On vient spécialement de Paris à Versailles. Il y aura 21 « représentations ». La « vedette » apparaît à tous comme un personnage plutôt falot, n'étaient ses yeux, qualifiés par les chroniqueurs judiciaires de « bizarres et bien inquiétants ». Mais ce qui étonne encore plus, c'est le calme de Landru. Sur une table, posés sur un fond d'ouate, les petits paquets d'os numérotés, comme des fossiles au Jardin des Plantes, ne font même pas ciller l'accusé. Même impassibilité lors de la lecture de l'acte d'accusation. Horrifié, mais finalement ravi, le public entend évoquer les voyages à Gambais, les allers simples payés par Landru, le découpage des victimes à la scie, la fumée noire et grasse qui couronnait la maison de Gambais, les victimes qu'on ne retrouva jamais, et pour cause.

Le rideau tombe, pour la dernière fois, le 30 novembre, sur la plaidoirie – elle dure de 13 heures à 18 h 10 – de Me de Moro-Giafferi, sur les 3 heures de délibération du jury, qui répondit « oui » aux 48 questions, et sur le verdict, prononcé à 21 h 15. En entendant la sentence, Landru (croqué ici par Dutriac) est moins ému que son avocat : « Jamais un homme comme moi ne demande ni grâce ni pitié. »
Landru regagne la cellule des condamnés à mort à la prison Saint-Pierre, qu'il ne quittera que pour son ultime tête-à-tête avec la guillotine.

L'OPÉRETTE FRANÇAISE

Dessin inédit de Lucien Métivet.

— Pour que vos chansons anglaises et vos valses viennoises soient vraiment parisiennes, je les fais jouer par un orchestre américain.

Les airs du temps

Ce violoniste ambulant, pris sur le vif, dans un village de Hongrie, personnifie de façon saisissante la musique tzigane. C'est avec de tels clichés qu'André Kertész, alors simple employé à la Bourse du Commerce de Budapest, deviendra un photographe célèbre.

L'opérette française, qui prête à la plaisanterie du dessinateur Lucien Métivet, ne s'est jamais mieux portée : on a fêté en janvier la millième de Phi-Phi, le triomphe de Christiné et Willemetz.

Sans atteindre de tels sommets, la chanson fait preuve d'un esprit bien parisien, et Lina Tyber, par exemple, chante : « Pardon ! Sous votre soulier, j' n'aurais pas du glisser mon pied, si plus loin j' l'avais posé, vous ne me l'auriez pas écrasé... »

Chronologie internationale

JANVIER

2 - Espagne : le naufrage du navire *Santa Isabel,* au large de Villa Garcia, fait 254 victimes.

- Décès de l'ancien chancelier allemand Theobald von Bethmann Hollweg, à l'âge de soixante-quatre ans.

6 - Allemagne : d'après les rapports d'associations humanitaires, on compte à Berlin, sur 485 000 enfants, 29 000 tuberculeux, 77 000 souffrant d'autres maladies et 120 000 sous-alimentés.

- États-Unis : le général Nivelle représente la France aux cérémonies du tricentenaire de l'arrivée du *Mayflower.*

7 - Défaite des troupes grecques devant les troupes turques de Mustafa Kemal à Inönü.

14 - Le chômage touche 927 000 personnes en Grande-Bretagne.

15 - Italie : au Congrès socialiste italien de Livourne, les communistes minoritaires (dont Bordiga et Gramsci) rejettent les motions réformiste de Turati et unitaire de Serrati, font sécession et adhèrent à la IIIe Internationale Communiste, donnant ainsi naissance au Parti communiste italien.

22 - Allemagne : premier Congrès du Parti national socialiste allemand (N.S.D.A.P.) à Munich.

22 - Alors qu'il effectuait des manœuvres dans l'Atlantique, le sous-marin britannique *K-5* se perd corps et biens au large de Vigo : 56 morts et aucun survivant.

- Écosse : en rugby, la France bat l'Ecosse 3 à 0 à Inverleith.

24 - Ouverture, à Paris, de la Conférence interalliée traitant des réparations.

31 - Allemagne : on dénombre plus de 350 000 chômeurs de plus qu'en 1914.

FÉVRIER

2 - Allemagne : les accords sur les réparations des dommages de guerre suscitent des manifestations d'hostilité dans tout le pays.

3 au 6 - Au cours d'un voyage officiel à Paris, le maréchal Pilsudski s'entretient avec le président Millerand. Il se rend ensuite à Verdun et visite la Tranchée des baïonnettes.

- Russie : décès à Dmitrov du prince Pierre Kropotkine, théoricien et propagandiste russe de l'anarchie.

9 - Syrie : les troupes françaises prennent la ville d'Aïn-Tab, assiégée depuis plusieurs mois par les troupes turques de Mustafa Kemal.

15 - Belgique : inauguration à Bruxelles de l'Académie royale belge de langue et de littérature française par le roi et la reine des Belges.

- Irlande : le parti nationaliste du Sinn Féin poursuit ses actions dirigées contre la Grande-Bretagne ; sept soldats britanniques sont abattus lors d'une embuscade à Mourne Abbey.

17 - Le président de la République du Liberia, M. King, est en visite officielle à Paris.

19 - Alliance officielle entre la France et la Pologne : signature d'accords militaires et économiques entre les deux pays.

21 - Russie : début de soulèvements ouvriers contre les rigueurs du communisme de guerre dans les villes de Moscou et Petrograd.

- Russie : l'Armée rouge investit Tbilissi, capitale de la république de Géorgie – dont le gouvernement soviétique avait reconnu l'indépendance en mai 1920 – qui est annexée à la Transcaucasie soviétique.

- Iran : un coup d'Etat à Téhéran donne le pouvoir à un jeune politicien et journaliste, Seyyid Zia-ed-Din et au commandant de la division de cosaques de l'Iran, Reza Khan. Le shah déclare approuver l'instauration d'une dictature militaire.

- Grande-Bretagne : ouverture de la Conférence interalliée de Londres au Palais Saint-James sous la présidence de Lloyd George. Les délégués allemands sont présents.

22 - Russie : instauration par Lénine du Gosplan, dans le but de doubler la production industrielle soviétique.

25 - Le premier ambassadeur de la République de Géorgie, M. Tchenkali vient présenter ses lettres de créance au président de la République Alexandre Millerand.

26 - Grande-Bretagne : en rugby, le Pays de Galles bat la France 14 à 12 à Cardiff.

- Grande-Bretagne : inauguration à Londres de l'Institut français de Londres.

- Traité de paix entre la Russie soviétique et l'Iran : la Russie se réserve le droit d'intervenir au cas où l'Iran se sentirait menacé.

27 - Roumanie : mariage à Bucarest de la princesse Elisabeth de Roumanie et du prince Georges de Grèce.

28 - Palestine : le dernier détachement français en poste à Jérusalem quitte la ville désormais tenue par les Anglais.

28 - Russie : résolution des marins du *Petropavlosk* qui lance la révolte antibolchevique de Cronstadt.

MARS

1er - Décès du roi Nicolas de Monténégro au Cap d'Antibes.

- Warren Gamaliel Harding, 29e président des États-Unis, prend ses fonctions à la Maison Blanche.

– Grande-Bretagne : l'Allemagne refuse les décisions de la Conférence de Londres sur le montant des réparations des dommages de guerre. La délégation allemande quitte la conférence.
3 – Russie : les marins de Cronstadt, las de la misère, se soulèvent contre les communistes.
8 – En représailles contre les Allemands, les Alliés décident d'occuper les villes de Düsseldorf, Duisbourg et Ruhrort dans la Ruhr.
– Espagne : le président du Conseil espagnol Eduardo Dato E Iradier est assassiné par des anarchistes.
10 – Grèce : la princesse Hélène de Grèce épouse le prince Carol de Roumanie à la cathédrale d'Athènes.
– Russie : Léon Trotski et Mikhaïl Toukhatchevski répriment la révolte antibolchevique des marins de Cronstadt.
12 – Russie : après l'échec du communisme de guerre, Lénine présente la Nouvelle Politique Économique (N.E.P.) au Xe Congrès du Parti Communiste russe.
– Signature du traité de paix de Riga entre la Russie soviétique et la Pologne. La Russie a dû céder une partie de la Biélorussie et de l'Ukraine. La Pologne s'étend maintenant à plus de 300 kilomètres à l'Est de la « Ligne Curzon » et gagne 4 millions d'habitants.
15 – Allemagne : Talet Pacha, ancien grand vizir de Turquie, est assassiné à Berlin par l'Arménien Tailirian.
16 – Traité de Moscou, d'« Amitié et de Fraternité », entre la Russie soviétique et la Turquie de Mustafa Kemal. La Russie cède à la Turquie les districts de Kars et de Ardahan – 17 000 km^2 et 500 000 habitants. Mustafa Kemal, de son côté, s'engage à ne pas intervenir dans l'ancienne Transcaucasie russe.
– Grande-Bretagne : signature à Londres d'un traité commercial entre la Grande-Bretagne et la Russie. C'est la reconnaissance *de facto* de la Russie soviétique par les Anglais.
17 – Pologne : instauration d'une nouvelle constitution démocratique et parlementaire, inspirée de la Constitution française de 1875.
– Egypte : découverte dans la nécropole de Thèbes, par une expédition archéologique américaine (dirigée par H.-E. Winlock) d'une collection de jouets reproduisant la vie quotidienne en Egypte, vieille de 4 000 ans.
20 – Haute Silésie : le rattachement à l'Allemagne est plébiscité par 60 pour cent des votants. La Pologne, soutenue par la France, réclame un partage équitable de la région. La Grande-Bretagne soutient le point de vue allemand.
20 – Russie : le chef de l'Etat, Michel Kalinine, adresse un message au président américain Harding, pour dire son « espoir de voir s'établir promptement des rapports amicaux avec la grande République nord-américaine ».
21 – Russie : création de la République socialiste soviétique de Géorgie après de violents affrontements. Les réfugiés sont recueillis par le croiseur français *Waldeck-Rousseau.*
23 – Italie : un attentat terroriste au théâtre Diana de Milan fait 20 morts et plus de 150 blessés.
26 – États-Unis : en athlétisme, Charles Paddock bat le record du monde du 200 mètres en 20 min 8 s.
27 – Hongrie : l'ex-roi Charles IV, exilé en Suisse, tente vainement de remonter sur le trône.

AVRIL

1er – Grande-Bretagne : les mineurs se mettent en grève.
7 – Chine : nouveau pas dans la guerre civile. Sun Yat-Sen est réélu à la tête du contre-gouvernement de la Chine du Sud dont il proclame l'indépendance.
8 –Grande-Bretagne : les cheminots et les employés des transports rejoignent les mineurs en grève.
9 – France : en rugby, la France bat l'Irlande 20 à 10 au stade de Colombes.
11 – Hollande : décès à Doorn de l'ex-impératrice d'Allemagne Augusta-Victoria, femme de Guillaume II, alors encore en exil.
14 – Etats-Unis : Charlie Chaplin épouse Mary Collins.
14-17 – Maroc : course automobile entre Marrakech et Casablanca (860 km) en quatre étapes.
16 – Grande-Bretagne : la grève est maintenant générale et paralyse le pays.
17 – Une délégation de la Chine du Nord – seule reconnue par la France – conduite par M. Chu Chi Chen est en visite à Paris.
– Russie : la France cesse son soutien au général en chef des armées « blanches », Wrangel.
18 – Les troupes soviétiques pénètrent en territoire arménien.
21 – La République socialiste soviétique d'Arménie est proclamée.
23 – Roumanie : signature à Bucarest d'un traité roumano-tchécoslovaque destiné à prévenir toute menace venue de Hongrie.
24 – Tyrol : la population plébiscite le rattachement à l'Allemagne.
– Fiume : les élections assurent le succès des autonomistes. Les nationalistes pro-italiens et la section fasciste locale brûlent les urnes.
– Belgique : deux innovations aux élections communales : le suffrage universel et le vote des femmes.
24-25 – Grande-Bretagne : entretiens Briand – Lloyd George à Hythe.
28 – Cuba : le cubain José Raoul Capablanca bat l'Allemand Emanuel Lasker aux échecs et devient champion du monde.

MAI

1er – Japon : premier défilé célébrant le 1er mai.
– Haute Silésie : à la suite du référendum du 20 mars, les partisans de la Pologne, menés par l'avocat Wojcek Korfanty, se soulèvent. Les partisans de l'Allemagne l'emporteront.
5 – Grande Bretagne : à la Conférence de Londres sur les réparations, les Alliés lancent un ultimatum aux Allemands.
– En football, la France bat pour la première fois l'Angleterre par 2 à 1 au stade Pershing.
6 – Allemagne : la République de Weimar reconnaît *de facto* la République des Soviets et conclut avec elle un accord de commerce.
7 – Chine : Sun Yat-Sen est élu président de la République de Chine du Sud (non reconnue par la France).
10 – Allemagne : instauration d'un nouveau gouvernement sous la conduite de Josef Wirth.
19 – États-Unis : le gouvernement instaure les quotas restreignant l'immigration.
20 – La Chine et l'Allemagne signent un traité de paix séparée.
– États-Unis : le président Harding remet officiellement 1 gramme de radium à Marie Curie.
22-23 – Egypte : de violents troubles menés contre le protectorat britannique font plusieurs dizaines de morts à Alexandrie.
24 – Belgique : les syndicats obtiennent le droit de grève.
28 – Rome : reprise officielle des relations diplomatiques entre la France et le Saint-Siège, interrompues depuis 1904.
– Maroc : inauguration du nouveau Hôtel des Postes et de la nouvelle maternité de Rabat.
30 – Visite officielle en France du prince impérial japonais Hiro-Hito, héritier du trône.
31 – Belgique : Wim van Overstraeten fonde le Parti communiste belge.

JUIN

1er au 3 – Voyage officiel en Rhénanie du ministre de la Guerre Louis Barthou.
7 – Signature à Belgrade d'accords politiques et militaires entre la Roumanie et la Yougoslavie. Ces accords complètent l'entente alliant la Roumanie à la Tchécoslovaquie.
– La France ratifie le Traité de Trianon et celui de Saint-Germain-en-Laye.
8 – Allemagne : la première transmission radiophonique à l'Opéra de Berlin est une réussite.
10 – La princesse Marguerite de Danemark épouse le prince de Bourbon-Parme.
14 – Belgique : vote de la journée de huit heures de travail.
15 – Les Italiens évacuent Antalya en Turquie.
16 – Aristide Briand décide d'envoyer des troupes en haute Silésie contre les corps-francs allemands.
22 – Grande-Bretagne : l'Université d'Oxford fait Docteur *Honoris causa* Georges Clemenceau.
25 – Syrie : le général Gouraud est victime d'un attentat sur la route de Damas.
29 – Yougoslavie : à Belgrade, lors du vote de la Constitution yougoslave, le prince régent Alexandre de Serbie échappe à un attentat.

JUILLET

1er – Chine : une douzaine d'intellectuels fondent à Shanghai le nouveau Parti communiste chinois : parmi eux un aide bibliothécaire, Mao Tsé-toung. Chen Tu-Hsiu est élu président.
– Grande-Bretagne : la grève des mineurs prend fin.
2 – Etats-Unis : Carpentier est battu par Dempsey lors des championnats du monde de boxe poids lourds.
5 – Haute Silésie : assassinat du commandant français Montalègre à Beuthen.
6 – Belgique : déraillement du rapide Amsterdam-Paris, dû à un sabotage près d'Hennuyères. On dénombre 35 blessés et 7 postiers français tués.
– A Leipzig, verdict indulgent au procès des criminels de guerre allemands : le général Stenger et le commandant Schmidt sont acquittés, le major Crusius est condamné à deux ans de prison.
– Les troupes soviétiques pénètrent en Mongolie et s'emparent de la ville d'Ourga.
10 – Mongolie-Extérieure : un gouvernement provisoire est instauré qui proclame l'indépendance.
11 – Irlande : arrêt des hostilités entre Britanniques et nationalistes.
12 – Etats-Unis : les immigrés italiens Sacco et Vanzetti sont condamnés à mort pour espionnage par la cour du Massachusetts.
23 – Maroc : après avoir mis en déroute les armées espagnoles à Anoual, Abd el Krim, ancien cadi de Melella, projette de créer la République du Rif.
27 – Canada : Frederick Grant Branting et Charles Herbert Best réussissent à isoler l'insuline.
29 – Allemagne : Adolf Hitler est élu, à l'unanimité des voix, président du Parti national socialiste (NSDAP).
31 – Belgique : la Chambre des représentants adopte une nouvelle loi sur l'emploi des langues dans l'administration : l'unité linguistique des provinces flamandes est reconnue.

AOÛT

2 – Russie : pour résoudre le problème de la famine, Lénine lance un appel à l'aide extérieure.
– Décès, à cinquante-trois ans, du célèbre ténor italien Enrico Caruso.
3 – Danemark : le cycliste belge Victor Linart devient champion du monde des 100 kilomètres à Copenhague.
5 – Turquie : dans le cadre de la guerre contre les Grecs, Mustafa Kemal obtient les pleins pouvoirs.
8-13 – Le Conseil suprême interallié se réunit à Paris sous la présidence d'Aristide Briand.
16 – Yougoslavie : mort à Belgrade du roi Pierre Ier de Serbie. Son frère Alexandre Ier Karageorgevitch devient roi de Yougoslavie à trente-deux ans.
– Irlande : le Parlement irlandais se réunit pour sa première session à Dublin. Le président Eamon de Valera y prononce un discours.
23 – Irak : installation, par la Grande-Bretagne, de la monarchie constitutionnelle. Fayçal Ier, de la dynastie Hachémite, monte sur le trône.
24 – Les Etats-Unis et l'Allemagne signent un traité de paix séparée.
– Grande-Bretagne : le dirigeable ZR II explose en vol et fait 44 morts lors d'un vol d'essai.
26 – Allemagne : l'ancien ministre des Finances allemand Matthias Erzberger – l'homme qui signa l'armistice – est assassiné par des ultra-nationalistes.
28-29 – Inde : troubles nationalistes menés par Gandhi.
30 – Hollande : ouverture à La Haye du Congrès international sur les Droits de l'Homme.

SEPTEMBRE

5 – Suisse : la deuxième Assemblée plénière de la Société des Nations s'ouvre à Genève.
14 – Russie : le premier train de vivres américain pour lutter contre la famine part de Moscou pour Kazan.
17 – Grande-Bretagne : la troisième expédition polaire de Sir Ernest Shakelton quitte Londres à bord du *Quest.*
19 – Maroc : Abd el Krim proclame la République du Rif, fondée sur l'union des différentes tribus rebelles.
– Voyage en Guinée et au Sénégal d'Albert Sarraut, ministre des Colonies.
20 – Belgique : ouverture de la Coupe Gordon-Bennett des ballons sphériques à Bruxelles.

21 – Allemagne : une explosion dans l'usine d'azote BASF près de Ludwigshafen fait plus de 500 morts et 1 500 blessés.
24 – Allemagne : la première course automobile sur l'Avus de Berlin est remportée par l'allemand Fritz von Opel avec une moyenne de 130,4 km/h.
26 – Tchécoslovaquie : Edvard Benes est nommé président du Conseil.
30 – Décès du dramaturge allemand Oskar Panizza à l'âge de soixante-huit ans.
30 – Levée des sanctions économiques prises par la France contre l'Allemagne.

OCTOBRE

1er – Belgique : le droit de vote des femmes n'est pas étendu aux élections provinciales.
2 – Belgique : la loi des huit heures de travail – qui fait suite à la convention de Washington – entre en vigueur.
4 – Genève : la Société des Nations refuse d'aider la Russie soviétique.
5 – Grande-Bretagne : réunion à Londres du Pen-Club, association internationale d'écrivains et de poètes contre le racisme, le fanatisme et l'oppression.
6 – Allemagne : signature de l'accord de Wiesbaden entre l'allemand Walter Rathenau et le ministre français des Régions libérées Louis Loucheur sur la livraison des réparations en nature.
7 – Italie : premier Congrès international de Sociologie à Turin.
13 – Signature du Traité de Kars entre la Russie et la Turquie, qui règle le problème des frontières communes.
20 – Genève : la Société des Nations décide le partage de la haute Silésie entre l'Allemagne et la Pologne.
– Turquie : signature à Ankara de l'accord « Franklin-Bouillon » entre la France et la Turquie. La France renonce définitivement à la Cilicie à l'exception du Sandjak d'Alexandrette.
– Hongrie : Charles IV de Hongrie tente une seconde fois de reprendre le pouvoir. Il sera fait prisonnier par le régent Horthy.
21 – Grande-Bretagne : ouverture à Londres de la Conférence de paix entre l'Angleterre et l'Irlande.
25 – Hongrie : l'ex-roi Charles IV et l'ex-reine Zita renoncent à toute prétention sur le trône de Hongrie.
28 – Etats-Unis : le maréchal Foch est reçu triomphalement à New York.
29 – Etats-Unis : Sacco et Vanzetti sont condamnés en appel.

NOVEMBRE

1er – Allemagne : Röhm crée les premières sections d'assaut (S.A.)
4 – Japon : le Premier ministre japonais Hara Kei est assassiné à Tokyo par un fanatique. M. Takahashi lui succède.
5 – Russie : signature d'un accord russo-mongol. La Mongolie-Extérieure est reconnue indépendante en théorie. En pratique, le pays est gouverné par des hommes dociles à la Russie soviétique.
6 – Hongrie : promulgation d'une loi de destitution des Habsbourg.
7 – Italie : au Congrès de Rome, Benito Mussolini transforme les Faisceaux de combat en Parti national fasciste dont il est le Duce.
9 – La Conférence des ambassadeurs (Italie, France, Grande-Bretagne et Japon) nomme une commission chargée de fixer les frontières albanaises.
12 – Etats-Unis : le président Harding dirige la Conférence de Washington sur le désarmement et les problèmes d'Extrême-Orient, Briand représente la France et Balfour la Grande-Bretagne.
25 – Japon : le prince Hiro-Hito devient régent de l'empire.
26 – Première expérience en Europe de retransmission d'un concert par T.S.F.

DÉCEMBRE

1er – Autriche : violentes manifestations à Vienne (300 000 personnes) contre la hausse des prix.
6 – Grande-Bretagne : à la suite d'un accord entre le gouvernement britannique et le Sinn Féin, l'Irlande du Sud obtient le statut de dominion au sein du Commonwealth, sous le nom d'Etat libre d'Irlande.
11 – Turquie : inauguration à Constantinople dans la cathédrale du Saint-Esprit de la statue du pape Benoît XV.
13 – Etats-Unis : lors de la Conférence de Washington, la Grande-Bretagne, la France, le Japon et les Etats-Unis se mettent d'accord sur le partage des zones d'influences dans l'océan Pacifique.
14 – L'Allemagne demande aux Alliés le report du paiement des réparations.
– L'Autriche perd par référendum le territoire d'Odenburg en faveur de la Hongrie.
19-22 – Grande-Bretagne : entretiens Briand-Lloyd George à Londres sur les réparations allemandes et l'aide à la Russie.
22 – Conclusion d'une union douanière entre la Belgique et le Luxembourg.
– Etats-Unis : le Congrès vote une aide de 20 millions de dollars en faveur des populations russes en proie à la famine.
25 – Mort à soixante-huit ans de l'écrivain et poète russe Vladimir Korolenko.

Crédits photographiques

(h : haut ; b : bas ; r : rond ; m : milieu ; hd : haut-droite ; hg : haut-gauche ; bd : bas-droite ; bg : bas-gauche ; md : milieu-droite ; mg : milieu-gauche ; hm : haut-milieu ; bm : bas-milieu ; mm : milieu-milieu)

ARLAUD/C.N.M.H.S./SPADEM : 6, 12hg, 13b, 106h, 106m, 106bg, 107h, 107m. ARTEPHOT. BRIDGEMAN : 113hm. ART MODERNE/NEW YORK : 117hd. ATGET/Archives Phot. Paris/SPADEM : 14bg, 14-15b, 15h. BAYARD-PRESSE : 87bd. BIBLIOTHÈQUE FRANÇAISE : 72mg. SOCIÉTÉ DES AMIS DE LA BIBLIOTHÈQUE FORNEY : 121mg. BIBLIOTHÈQUE NATIONALE, Meurisse B.N. : 10m, 28b, 47b, 56bg, 102bg, 133mg, 155b, 157b, 172b, 172mm, 175md, 179bg, 184bd. JACQUES BOTTET/Archives Larousse : 115m. BOUDOT-LAMOTTE/Archives Larousse : 96h. CHARBONNAGE DE FRANCE : 16hg. J.-L. CHARMET : 48mg (Archives Aspect de la France) ; 73hd, 74bd, 120mm, 122hg, 122bd, 125bg (Bibliothèque des arts décoratifs) 126hg, 126mm, 127hd, 128bd, 147hd. G. DAGLI ORTI : 116bd. RENE DAZY : 12hd, 24md, 27mg, 36md, 42hg, 52mg, 59h, 60hg, 60hd, 75hd, 75m, 84bd, 89bg, 112hd, 153b, 154md, 154b, 155hg, 176hg, 176bm, 177hg, 177bg. ÉDITIONS DENOËL : 169bg. DE SELVA-TAPABOR ; 124mm, 124b, 125md, 125bd, 127bg, 128bg, 166bg, 166bd. DROITS RÉSERVÉS : 30mg, 85md, 86hm, 89m, 139bm, 186hg. ÉCOMUSÉE DE FOURMIES : 16bg. *EXCELSIOR/*PRESSE-SPORTS : 7, 8h, 8b, 9hg, 9m, 10b, 14h, 15bd, 17b, 18h, 18m, 18-19b, 19h, 19mg, 20h, 21h, 24hd, 24bg, 25h, 25mg, 26mg, 27h, 27m, 29hg, 31b, 32hg, 32bd, 33hd, 33b, 34h, 34mg, 34md, 34bd, 35h, 35bg, 36h, 36bg, 37m, 38b, 39b, 40h, 40b, 41h, 41b, 42m, 42b, 42-43h, 43mg, 43md, 43b, 44md, 44bg, 45bg, 48h, 49hg, 50m, 50b, 51h, 51md, 53b, 54hg, 54b, 55b, 56hg, 56mg, 57h, 57b, 59m, 64h, 64b, 65m, 65b, 75hr, 80md, 81h, 81b, 82-83b, 84h, 84bg, 86hd, 86md, 88mg, 88b, 89hg, 89hd, 90, 92h, 92bg, 92bd, 93h, 93m, 93b, 94h, 94b, 95h, 95b, 102bd, 108h, 110h, 111b, 112hg, 112m, 112b, 115hg, 116hd, 117bg, 117bm, 119bm, 120hd, 120md, 121mm, 121b, 122hd, 122m, 122bm, 123mg, 124mg, 125hg, 126hd, 126bg, 129hg, 129hd, 129bg, 134b, 135h, 136hg, 136b, 137hg, 137hd, 137md, 137b, 138h, 138b, 139hg, 139mg, 139bd, 140hg, 140hd, 140mg, 140bg, 141md, 147m, 151h, 151mg, 151md, 153hd, 154h, 160hg, 160bd, 161bg, 162h, 162b, 163h, 163b, 164h, 164m, 165h, 165bd, 166h, 171m, 171bd, 172md, 172mm, 176md, 176bg, 178hm, 178md, 178b, 179hd, 179bd, 180hg, 180md, 180bm, 180bd, 181h, 181b, 182h, 182mg, 182bg, 182-183b, 183h, 183bd, 184mg, 185h, 185b, 186hd. EXPLORER (Archives) : 12b, 22h, 22b, 67hd, 67bg, 77hd, 96mg, 97hm, 97bd. FLANDRIN : 96-97. ARCHIVES GALLIMARD : 85b, 86bd. MARC GARANGER : 113hd ; 116bg (Musée national d'art moderne). GERSHEL : 71hd. GIRAUDON : 29bg, 97hd, 97md, 116bm. *L'HUMANITÉ* (Extrait de) : 25md. *L'ILLUSTRATION/*SYGMA : 5, 8mg, 9hd, 11h, 13h, 17h, 18bg, 19md, 23, 24mg, 25bg, 26hd, 26m, 27b, 28hd, 28mg, 28md, 29hd, 29bm, 30hd, 31hg, 31hm, 32mg, 36mg, 37h, 38h, 38m, 39md, 40mg, 45hd, 45mg, 45bm, 46hg, 46hd, 46bd, 47hg, 47hd, 48-49m, 48-49b, 49hd, 50hg, 51mg, 51b, 52h, 52m, 52bd, 53h, 55hd, 56bd, 58h, 58md, 58bm, 58b, 59b, 60b, 62-63, 63hd, 63bd, 68mg, 69b, 70hd, 72h, 74hd, 75b, 85hd, 88h, 89bm, 91hd, 91b, 98hd, 98bg, 98bd, 99hd, 99mg, 99bd, 100h, 100b, 101hd, 101mg, 102h, 103h, 103mg, 103md, 103bd, 108b, 108-109m, 109b, 110b, 111h, 114hg, 128h, 130hg, 130m, 130bg, 131h, 131b, 132h, 132md, 132bg, 132bd, 133h, 133md, 134hg, 139mm, 139md, 141hd, 141bd, 142hg, 142bg, 142bd, 142-143m, 143hg, 143hd, 143b, 143r, 144h, 144m, 144b, 145hm, 146h, 146m, 146b, 147h, 147b, 148h, 148b, 149hd, 149mg, 149b, 150h, 150m, 150b, 151bg, 151bd, 152b, 152-153h, 155mg, 156-157, 158mg, 158bg, 159h, 159b, 161h(2), 164b, 167, 168m, 169h, 169bd, 170h, 170b, 171hm, 171hg, 174b(5), 175h(2), 175mg, 175b, 176hm, 177hd, 177bd, 178hg, 179hg, 184h, 184md, 184bg, 185m. I.N.R.P./MUSÉE NATIONAL DE L'ÉDUCATION : 16hd, 78m(2), 79md(2), 82bg, 83hd, 83bd. JOS LE DOARE : 107b. HUBERT JOSSE/MUSÉE DE L'ARMÉE : 65hd, 66b. LÉON JOUHAUX : 39h. KHARBINE-TAPABOR : 46bg, 68hg, 69hg, 70bg, 71hg, 72bm, 72bd, 73mg, 73bd, 74hg, 76hd, 76b(3), 77hg, 77b(3), 78h(3), 78g(3), 78b(3), 79h(3), 79b(3), 80h(3), 80g, 80b(3), 87bm, 118hg, 118hd, 118mg, 118md, 118b(4), 119hg, 119hd, 119bg(2), 120hg, 120hm, 120mg, 120bd, 121hg(2), 121hd(2), 121md, 122bg, 123hg, 123hm, 123bd, 124hg(2), 124hd, 125hd, 125hm, 127hg, 127bd, 152hg, 152mg. LANVIN : 126md. ARCHIVES LAROUSSE : 10h, 26bd, 33mg, 61h, 61md, 61bg, 66hg, 70bg, 71bg, 73hg, 73bm, 85mg, 86hg, 86bg, 88md, 109h, 141hg, 145h, 158md. ASSOCIATION DES AMIS DE JACQUES-HENRI LARTIGUE : 154mg, 173h, 173b. LIPNITZKI : 74bg. N. MARCHAND/Archives Larousse : 101b. Y. MARYE/G.D.F. : 135b. MUSEE ALPIN, CHAMONIX : 104mg, 105h, 105bg, 105bd. MUSÉE DES ARTS DÉCORATIFS : 114bd. MUSÉE NATIONAL D'ART MODERNE : 113mg, 113bm, 113bd, 114hg, 114hd, 114bm, 115hd (ph. Jacqueline Hyde), 115md, 115bg, 117bd. MUSÉES NATIONAUX/Archives Larousse : 67hd. MUSÉE DE LA PUBLICITÉ : 69hd, 71bd, 119bd, 120bg, 123mm, 123bg. ARCHIVES DU NORD : 16bd, 54-55h, 134hd. ARCHIVES PARIS-MATCH, Ph. Verascope-Richard : 8md, 145bd. ARCHIVES PATHE-CINEMA : 177mg. ARCHIVES PEUGEOT : 45md. PHILADELPHIA MUSEUM OF ART : 117hg. PHOTOTHÈQUE DES HOUILLÈRES DU NORD, Ph. H.B.N.P.C. : 82hg. CENTRE GEORGES POMPIDOU : 116hg. ROGER-VIOLLET : 9b, 21b, 66-67m, 67md, 67b, 68md, 68bd, 86bm, 87hg, 89bd, 155hd, 156hg, 156m, 156b, 158h, 172h, 174h. SEEBERGER/Archives Phot. Paris/SPADEM : 20b, 135bg, 139bg. SIROT-ANGEL : 36-37b (ph. Meurisse), 39mg, 44hg, 161bd. SPADEM-AGAP : 186b. LA VIE DU RAIL : 123hd, 123md(2). C.I.W.L.T. (Compagnie internationale des Wagons lits et du tourisme) : 30m.

Photo de la page 5 : L'avant du « *Léviathan* » métallique Bréguet.

Composition et impression : MAURY-Imp. S.A. 45330 Malesherbes
Photogravure : Photogravure du Vaisseau – 93 Neuilly-Plaisance
Reliures Brun – 45330 Malesherbes
Dépôt légal : février 1988, N° de série Éditeur : 14 410
Imprimé en France (printed in France). 519113. Février 1988